北大版留学生本科汉语教材·语言技能系列

对白与独白96

汉语中级口语教程 下册

Intermediate Spoken Chinese II

杨寄洲　贾永芬　编著

北京大学出版社
PEKING UNIVERSITY PRESS

图书在版编目（CIP）数据

汉语中级口语教程. 下册 / 杨寄洲，贾永芬编著. —北京：北京大学出版社，2007.4
（北大版留学生本科汉语教材·语言技能系列）
ISBN 978-7-301-11687-6

Ⅰ. 汉… Ⅱ. 杨… Ⅲ. 汉语-口语-对外汉语教学-教材 Ⅳ. H195.4

中国版本图书馆 CIP 数据核字（2007）第 034231 号

书　　　名：	汉语中级口语教程　下册
著作责任者：	杨寄洲　贾永芬　编著
插 图 绘 制：	曹玲
责 任 编 辑：	沈岚
标 准 书 号：	ISBN 978-7-301-11687-6／H·1751
出 版 发 行：	北京大学出版社
地　　　　址：	北京市海淀区成府路 205 号　100871
网　　　　址：	http://www.pup.cn
电 子 信 箱：	zpup@pup.pku.edu.cn
电　　　　话：	邮购部 62752015　发行部 62750672　出版部 62754962　编辑部 62752028
印 　刷　 者：	北京中科印刷有限公司
经 　销　 者：	新华书店
	787 毫米×1092 毫米　16 开本　17.25 印张　430 千字
	2007 年 4 月第 1 版　2013 年 11 月第 3 次印刷
印　　　　数：	7001~9000 册
定　　　　价：	60.00 元（含 MP3 盘 1 张）

未经许可，不得以任何方式复制或抄袭本书之部分或全部内容。
版权所有，侵权必究
举报电话：010-62752024　　电子信箱：fd@pup.pku.edu.cn

前　言

本书是为各国汉语学习者编写的一套口语教材，全书共六册（初级、中级和高级各两册），每册16课，共96课，每课要求4~6学时。

本教程适用于初级到中高级水平的外国汉语学习者，既适用于正规大学留学生本科口语课堂教学，也适用于非学历教育的长短期进修班或速成班，各教学单位可以根据自己的实际情况，自行掌握，灵活选用，自学者则可借助于本教材所配的MP3盘，选学适合自己的内容。

本教程的课文由两部分组成：课文一是会话，课文二是短文。

先说课文一：会话。初级阶段是在一定情景下的简单会话。这些会话都是外国留学生和其他外籍人士在中国生活、学习和工作必需的实用口语。编者的意图是，通过这些会话的学习和练习，使学习者能熟练地运用它，以满足日常的交际需要。

中高级的会话课文基本上是围绕某个话题展开的。这些话题是编者集多年教学之经验，从外国留学生的课堂教学、课外活动等教学实践中挖掘和提炼出来的，易于引起他们的心理共鸣，能够激发起他们的表达欲望。会话的编写原则是，实用、有趣。设置的语境能让外国汉语学习者感到亲切自然，乐于参与其中。

中高级会话的内容涉及了中国社会生活的方方面面，包括社会、文化、习俗等。这些会话带有一定的思辨性，既有严肃认真的评说、论证和争论，也有幽默诙谐的交谈；既有关于中华文化的讨论，也有外国人在中国所见所闻所思所想的叙述和描绘。我们力求把课文编得既实用又生动，文字规范，充满情趣，亦庄亦谐，雅俗共赏，于字里行间展示汉语的语言美，使口语课堂轻松活泼，寓教于乐，老师爱教，学生爱学。希望师生能借助教材，共同创造一种双向互动、愉快和谐的课堂教学氛围。课堂上，学生可以就某个话题畅所欲言，展开讨论和辩论，自由地发表演说，使汉语口语练习变成一个愉快的学习过程，从而把同学们的口语提高到一个新的层次，新的水平。

到了中高级阶段，外国学生对中华文化的渴求越来越强烈，因此，课文有意识地在这方面下了一番功夫，逐步引导他们走进中国社会，走进中国人的内心世界，了解中国人的思维方式，领略汉语与中华文化的魅力，进而感受到学习汉语的无穷乐趣。

再说课文二：短文。口语教材如果仅仅练习会话，有一定的局限性。为了弥补以往口语教学偏重于会话练习，而对成段表达操练之不足，本教程特别选编了一些小短文，目的是加强学生成段表达能力的训练。

这些叙述体短文，内容多是生动有趣的小故事，有人物有情节，易于理解，便于记忆。除个别篇目外，大多数短文都经过编者改写，字斟句酌，认真打磨，非常适合学生读后复述，练习成段表达。相信同学们会在教师指导下，通过"大声朗读—回答问题—复述课文"等操练，逐步提高自己的成段表达能力。

朗读是提高口语水平的有效方法。朗读就是要读出声来，把书面的文字通过清晰洪亮的朗读转化为有声的口头语言。不论是会话课文还是叙述体短文，我们都希望学习者大声朗读，反复朗读。通过朗读，同学们可以进一步感悟汉语的语音、语调和语气，领略到汉语的语言美，体会到练习口语不是负担，而是一种快乐。要知道，熟能生巧，只有读得熟，才能记得住，想说的时候才能脱口而出。

本教材的小短文大多是从报刊上选来的，为了教学的需要，编者大都进行了改写与加工。因为我们的教学对象是外国汉语学习者，选编这些短文作教材，必须适合他们的理解能力和汉语水平，不改写就无法采用。在这里我们特别要向原文作者表示诚挚的谢意与歉意，请朋友们谅解。

至于中高级教程课后的"开心一乐"，是一些幽默风趣的段子，不属于教学内容。目的是让同学们看一看，看懂以后，会心一笑，以缓解一下学习的压力。

  我们真诚希望使用本教程的老师和同学们提出意见和建议，也希望专家不吝赐教，以便我们不断修改，使这套教材更加适用，更臻完善。

  在本教程出版之际，谨向本书的责任编辑和所有帮助过我们的朋友表示衷心的感谢。

编　者

目 录

第一课　可怜天下父母心　　　　　　　　　　　　**1**

课文一：会话
　　　　可怜天下父母心 / 1
课文二：短文
　　　　特殊的生日礼物 / 9

第二课　谁能没有遗憾的事呢　　　　　　　　　　**16**

课文一：会话
　　　　谁能没有遗憾的事呢 / 16
课文二：短文
　　　　晏子的故事 / 28

第三课　人为什么要说谎？　　　　　　　　　　　**33**

课文一：会话
　　　　人为什么要说谎？ / 33
课文二：短文
　　　　诚实不容易 / 44

第四课　难忘的经历　　　　　　　　　　　　　　**49**

课文一：会话
　　　　难忘的经历 / 49
课文二：短文
　　　　特别的考试 / 60

第五课　最好顺其自然　　　　　　　　　　　　　65

课文一：会话
　　　最好顺其自然 / 65
课文二：短文
　　　分手的理由 / 76

第六课　遇到突发事件怎么办？　　　　　　　　80

课文一：会话
　　　（一）遇到突发事件怎么办？/ 80
　　　（二）我们楼突然着火了 / 81
课文二：短文
　　　当灾难来临时 / 91

第七课　不学不知道　汉语真奇妙　　　　　　　96

课文一：会话
　　　不学不知道　汉语真奇妙 / 96
课文二：短文
　　　什么都"吃" / 108

第八课　中国人常说成语吗？　　　　　　　　　114

课文一：会话
　　　中国人常说成语吗？/ 114
课文二：短文
　　　王羲之的故事 / 125

第九课　破财能免灾吗？　　　　　　　　　　　131

课文一：会话
　　　破财能免灾吗？/ 131
课文二：短文
　　　两条珍贵的白鱼 / 139

第十课　性格能决定命运? ……………………… **146**

课文一：会话

　　性格能决定命运? / *146*

课文二：短文

　　信任的力量 / *156*

第十一课　地球是人类共同的家园 ……………… **160**

课文一：会话

　　地球是人类共同的家园 / *160*

课文二：短文

　　漂流瓶的故事 / *170*

第十二课　读万卷书　行万里路 ………………… **176**

课文一：会话

　　读万卷书　行万里路 / *176*

课文二：短文

　　丽江游 / *186*

第十三课　自学也能成才 …………………………… **192**

课文一：会话

　　自学也能成才 /*192*

课文二：短文

　　华罗庚 /*201*

第十四课　何必非要"门当户对" …………………… ***207***

课文一：会话

　　何必非要"门当户对" / *207*

课文二：短文

　　春　雨 / *215*

第十五课　应聘面试　　　　　　　　　　　　　　　　*220*

课文一：会话
　　　　应聘面试 / *220*
课文二：短文
　　　　蘑菇是怎么长成的 / *234*

第十六课　春节是中国最大的传统节日　　　　　　　　*241*

课文一：会话
　　　　春节是中国最大的传统节日 / *241*
课文二：短文
　　　　事事与我总相关 / *251*

生词总表　　　　　　　　　　　　　　　　　　　　　*256*

第一课 可怜天下父母心

课文一：会话 Huìhuà Dialogue

可怜天下父母心

（两个好朋友在谈心……）

A：今天老师教了我们一首诗。

B：什么诗？

A：是一首唐诗，题目叫《游子吟》。

B：啊，我也学过。"慈母手中线，游子身上衣。临行密密缝，意恐迟迟归。谁言寸草心，报得三春晖。"对不对？

A：对！学了这首诗以后，我心里酸酸的。

B：怎么了？你又有什么感想了？

A：我的感想是："可怜天下父母心。"世界上的父母都是一样的，爱自己的儿女，从来不求回报。父母的恩情就像温暖的阳光一样，儿女是无法报答的。可是，我在家的时候，常常惹妈妈生气，也常常跟她顶嘴。妈妈总说我不懂事，她叫我往东，我偏往西，她叫我赶狗，我偏撵鸡。一想到这些，就觉得自己真是一个不孝的女儿。

B：你家有几个孩子？

A：三个，我上面还有一个姐姐，一个哥哥。

B：你妈妈偏心吗？

A：不偏心。要说有点儿偏心的话，也是偏向我。因为我是最小的，哥哥、姐姐也都让着我。

B：其实，人都是这样，在家时，每天和父母在一起，也不觉得他们有多么可亲可敬。离开了家，自己独立生活了，才知道还是父母最好。

A：我觉得你挺有孝心的。

B：我父母年纪都很大了，他们都希望我早日成家，可我现在连工作还没有，更不要说建立家庭了。有时候觉得挺对不住他们的。现在父母都还健康，我觉得应当好好儿地孝敬他们。俗话说，"树欲静而风不止，子欲养而亲不待。"等到父母不在的时候，再想尽一份孝心就晚了。真到那个时候，后悔也来不及了。

A：是啊。

一 生词 Shēngcí New words

1. 可怜 （形） kělián pitiful; pitiable
2. 游子 （名） yóuzǐ man traveling or residing in a place away from home
3. 吟 （动） yín song (usu. used for the name of a type of a classical poetry); chant
4. 慈母 （名） címǔ loving mother
5. 线 （名） xiàn thread
6. 密 （形） mì close; dense
7. 缝 （动） féng sew; stitch
8. 恐 （动） kǒng fear
9. 寸草 cùn cǎo young grass
10. 报 （动） bào requite
11. 春晖 chūn huī spring sunshine; 寸草春晖 cùn cǎo chūn huī: young grass and spring sunshine—children owe parents what young grass owes to spring sunshine
12. 酸 （形） suān feel sad
13. 求 （动） qiú aim at; beg

14. 恩情	（名）	ēnqíng	loving kindness; favour
15. 报答	（动）	bàodá	repay
16. 惹	（动）	rě	court or invite (sth. bad)
17. 顶嘴		dǐng zuǐ	(usu. to one's elder) reply defiantly; answer back
18. 偏	（副）	piān	wilfully; insistently
19. 赶	（动）	gǎn	drive away; catch up with
20. 撵	（动）	niǎn	drive away; oust
21. 偏心	（形）	piānxīn	partial; biased
22. 偏向	（动）	piānxiàng	prefer
23. 可亲	（形）	kěqīn	amiable; affable; genial
24. 可敬	（形）	kějìng	respected
25. 孝心	（名）	xiàoxīn	filial piety
26. 孝敬	（动）	xiàojìng	show filial respect to (one's elders)
27. 俗话	（名）	súhuà	common saying; 俗话说: as the saying goes
28. 止	（动）	zhǐ	stop
29. 养	（动）	yǎng	support (one' parents); 赡养: shànyǎng
30. 待	（动）	dài	wait; expect

二 注释 Zhùshì Notes

(一) 唐诗

唐诗指唐代的诗歌。唐代（618—907）是中国诗史上一个辉煌的时代。现存有3600多位诗人的55000多首诗歌。唐诗数量多，质量高，反映了社会生活的各个方面，诗歌的艺术达到了完善和成熟，艺术风格和艺术流派多样化，出现了许多优秀的诗人，像陈子昂、李白、杜甫、白居易、李贺、李商隐、杜牧等，都是唐代不同时期的代表人物，唐诗是中国古代诗歌发展的顶峰。

(二) 偏

副词"偏"，可以重叠，说"偏偏"，表示故意与外来要求或客观情况相反。在句中放在动词前面作状语。例如：

(1) 妈妈总说我不听话，她说往东，我偏往西。她说赶狗，我偏撵鸡。

(2) 你不叫他抽烟，他偏抽，你有什么办法？

(3) 本来我们想今天去逛公园，偏偏下雨了。

(4) 今天本来不想让他过来，可他偏要过来。

(三) 可

助动词"可"表示值得。可与一些单音词组合成形容词，例如：可亲（worth being close to）、可敬（worth of respect; respected）、可笑（funny）、可

爱（lovable）、可看（worth seeing）、可买（worth buying）、可玩（worth playing）等。例如：

(1) 在家时，每天和父母在一起，也不知道他们有多么可亲可敬。离开了家，自己独立生活了，才知道还是父母最好。

(2) 这对大熊猫真可爱。

(3) 这个博物馆里有好多可看的东西。

(4) 那里有什么可玩的吗？

（四）树欲静而风不止，子欲养而亲不待

the tree desires stillness but the wind will not cease—things don't occur as people wish

意思是：树想静下来，但是风不停地刮，树当然无法静下来。儿女想赡养父母亲，可是等儿女长大成人，有能力赡养父母的时候，父母已经去世了。

三 练习 Liànxí Exercises

（一）语音 Speech sound

1. 听一听，说一说，体会每组发音的不同

Listen and practice, and distinguish the differences

{ 游子　yóuzǐ
{ 幼子　yòuzǐ

{ 慈母　címǔ
{ 刺目　cìmù

{ 可亲　kěqīn
{ 可心　kěxīn

{ 报答　bàodá
{ 宝塔　bǎotǎ

{ 偏心　piānxīn
{ 偏信　piānxìn

{ 孝心　xiàoxīn
{ 小心　xiǎoxīn

2. 诗词朗读　　Read aloud the following poem

游子　吟
Yóuzǐ　yín

（唐）孟　郊
(Táng) Mèng Jiāo

慈　母　手　中　线，游子　身　上　衣。
Cí　mǔ　shǒu　zhōng　xiàn, yóuzǐ　shēn　shàng　yī.

临　行　密　密　缝，意　恐　迟迟　归。
Lín　xíng　mì　mì　féng, yì　kǒng　chíchí　guī.

谁　言　寸　草　心，报　得　三　春　晖。
Shéi　yán　cùn　cǎo　xīn, bào　dé　sān　chūn　huī.

（二）朗读下列词语　　Read aloud the following words and phrases

寸草春晖　　报答父母　　报答老师　　报答恩人

惹父母生气　　惹麻烦　　惹祸

跟母亲顶嘴　　跟老师顶嘴　　跟领导顶嘴

偏不去　　偏去　　偏不学　　偏学　　偏不听　　偏听

可亲可敬　　可喜可贺　　可歌可泣

（三）选词填空并熟读下列句子

Choose the right words to fill in the blanks then read aloud the following sentences

游子　惹　可敬　偏心　顶嘴　恩情　待　缝

1. 这首歌唱出了海外_____思念家乡的心情。

汉语中级口语教程　下册

2. 寸草春晖，儿女怎么也报答不了父母的_____。
3. 这个扣子掉了，能不能帮我_____上？
4. 在家的时候我也经常跟妈妈_____，她说是东我偏说是西。
5. 因为小时候不爱学习，还常跟同学打架，不知道给父母_____了多少麻烦。
6. 因为觉得父母_____，所以他十几岁就离开家开始独立生活了。
7. 我们老师待我们全班同学就像对待自己的儿女一样，是一位可亲_____的好老师，所以同学们都叫她"妈妈老师"。
8. 房东_____我非常好，使我感到跟在自己家里一样。

（四）完成句子　Complete the following sentences

1. 我对于自己的选择，_____。（从来）
2. 他根本不听我的话，我叫他做什么，他_____。（偏）
3. 我说要来中国留学，妈妈虽然没说什么，_____。（其实）
4. 爸爸在中国生活和工作了十多年，一说起中国，他_____。（就）
5. 年轻时，要努力学习并掌握一门外语，不然_____。（后悔）
6. 快点儿吧，再不快点，_____。（来不及）

（五）回答问题　Answer the following questions

1. 什么情况下你心里会感到酸酸的？
   _____。
2. "谁言寸草心，报得三春晖"用现代汉语怎么说？
   _____。
3. 你在家的时候常惹爸爸妈妈生气吗？
   _____。
4. 你能举个父母"偏心"的例子吗？
   _____。

5. 什么情况下你会感到"后悔"?

_____。

6. "子欲养而亲不待"这句话是什么意思?

_____。

(六) 说出下列句子的使用语境（要求脱离课文，自己设置）

Describe the situations of the following sentences

1. 真是可怜天下父母心啊。

2. 我当时心里甜甜的。

3. 真到那个时候，后悔也来不及了。

课文二：短文　Duǎnwén　Text

一、朗读　Read aloud

特殊的生日礼物

我是一家外贸公司的总经理，最近公司准备招聘一些业务员。也许是现在的工作不好找吧，第一天报名就来了不少年轻人。看到应聘的人这么多，我放了心。就把招聘的事放手交给人事部，自己回到办公室，思考着新人加入后，如何进一步完善公司的各项管理制度。

第一课 可怜天下父母心

不料没过多久,就听见隔壁人事部传来一阵喧闹声。起初我没太在意,但喧闹声越来越大,其中还有一个孩子的叫喊声。我终于坐不住了,起身打开房门,只见人事部的王主任和两个保安正拉着一个十来岁的男孩往外走。我喊住了他们,问究竟是怎么回事。王主任对我说:"总经理,对不起。不知道从哪儿来了个孩子在这里捣乱。"

我听罢转身正要回屋,不料那个男孩突然大声向我喊道:"我不是来捣乱的,我是来应聘找工作的。"几十位应聘者发出了低低的笑声。我看了看那个男孩,他的神情认真严肃,不像是在开玩笑,我不禁有些纳闷,便把他带进了办公室。

坐到办公桌后面,我细细打量起了眼前的男孩。他一脸稚气,有些消瘦,穿着非常朴素。坐在我面前,显得有点儿局促不安。

我问他叫什么名字,今年多大了。他说他叫小雨,今年15岁。"不信您看我的学生证!"他急切地向我证明着。

"你年纪太小了,我们公司不可能聘用你。"我说。

"我知道,我还没有能力胜任你们招聘的工作。"男孩显得有些失望,"不过,我还是想知道,像你们这么大的公司究竟有没有我干得了的事?"

"你能干什么?"我问。

"我可以帮你们打扫卫生啊,比如擦桌子、扫地、清洗厕所,还有收信发信,打水送水什么的,这些我都能做。"

"看来你是个爱劳动的孩子。"我笑着说,好情绪使我想继续和他聊下去。"可你不是在上学吗?又怎么能天天来给我擦桌子?"

"这您不用担心。"男孩抿着嘴唇,样子显得很可爱。"我有一个好办法,既不耽误上学,又能保证每天都让您这里干干净净。"

"哦？这我可不信了，难道你有分身术吗？"我笑了起来。

"那您敢和我打赌吗？"

我忽然觉得这个小家伙在耍我，但为了弄清楚他到底要干什么，就说："好吧，我决定聘用你！"

"真的？"男孩子高兴地蹦了起来。

"不过你必须得先告诉我，你打算怎样做？"

"我可以告诉您，但您要保证不能反悔，说话要算数。"

我觉得自己可能要被这个孩子耍了，但我倒真想看看他要玩什么花样，就随口答应道："好吧，我保证。"

男孩难以掩饰脸上的兴奋："其实方法很简单，我还是继续上学，而我每天在公司里的工作，可以暂时让我的母亲来代替。您放心，打扫卫生的工作她绝对做得比我好……"

"你母亲？"我有些惊讶，"她是干什么的？"

"她原来在工厂工作，现在下岗了。"

"所以，你就想替你妈妈找一份工作？"

"是的。"男孩低下头。

我松了一口气，将手臂枕在脑后，看着眼前这个忽然变得拘谨的男孩。说："既然是你母亲要找工作，那她应该自己到公司来啊。"

男孩子摇摇头说："我今天是从学校偷着跑出来的，她还不知道我要为她找工作的事，再说，再说，她也不可能来。"

"为什么？"

"她不能说话，耳朵也听不见……"

"什么？你母亲是残疾人？"

"嗯。"男孩勉强地应了一声，显然他不太喜欢我这么说。

我愣住了，房间里顿时一片沉默。我注视着眼前这个深深低着头，脸色有些苍白的孩子。过了一会儿，我对他说："看得出你是个懂事的孩子，可我还是觉得有点不舒服，你不该一开始就骗了我——"

"对不起，其实在来您这儿之前，我已经去过好几家公司了。可人家一听她又聋又哑，就把我给赶出来了，没办法我才想了这个主意。如果可能的话，我真想退学替她出来工作，养活和照顾她。可我知道，要是那样的话，妈妈一定会更难过……，因为她最大的希望是：我能好好读书。"男孩正说着，忽然意识到什么，猛地抬头看着我说："经理，您是不是反悔了？"

"有点儿。"我不动声色地说。不过，我必须承认，男孩脸上流露出的痛苦，像针尖一样刺痛了我的心。男孩的情绪渐渐平稳下来，他躲开我的眼神，说："打扰您了，谢谢您给了我这么长的时间，我该告辞了。"说完，他向我鞠了一躬，转身便向门口走去。

"你要去哪里？"我不由自主地站起来。

"我还要赶着去下一家公司呢，今天是妈妈的生日，我一定要帮她找到一份工作，作为礼物送给她！"

"要是今天找不到怎么办？"

"没关系，今天不行还有明天。哪天找到了，我哪天再给妈妈过生日！"他的眼睛里有泪光闪过。

"等等！"我忽然觉得自己的鼻子有些酸，心里有一种感动，深吸了一口气，微笑着对男孩说，"你今天哪儿都不用去了！现在，我希望你能带我去你家里看看。"

"为什么？"男孩愕然。

"因为，公司刚刚有了个新规定。"我站起来走到男孩的身边，摸着他的头说，"从现在开始，如果我们决定聘用一名新职员的话，那我这个总经理一定要亲自到新职员家里去拜访一次。"

男孩愣了一下，脸上随即露出了一种纯净而灿烂的笑容。

(作者：楚子，选自《辽宁青年》，有改动)

二、生词　New words

1.	喧闹	(形)	xuānnào	noise and excitement
2.	纳闷儿		nà mènr	bewildered; puzzled
3.	稚气	(名)	zhìqì	childishness
4.	消瘦	(形)	xiāoshòu	(of body) slim down
5.	朴素	(形)	pǔsù	simple; plain
6.	局促不安		júcù bùān	ill at ease
7.	失望	(动、形)	shīwàng	disappoint; disappointed
8.	抿	(动)	mǐn	close lightly
9.	分身		fēn shēn	(usu. with a negative) spare time (from one's main work to attend to sth. else)
10.	打赌		dǎ dǔ	bet
11.	耍	(动)	shuǎ	play (role, tricks, etc)

12. 反悔	（动）	fǎnhuǐ	go back on one's word（or promise）
13. 掩饰	（动）	yǎnshì	cover up
14. 拘谨	（形）	jūjǐn	overcautious; reserved
15. 聋	（形）	lóng	deaf
16. 哑	（形）	yǎ	mute
17. 不动声色		bú dòng shēngsè	maintain one's composure
18. 平稳	（形）	píngwěn	stable
19. 随即	（副）	suíjí	soon after that
20. 纯净	（形）	chúnjìng	pure; simple and clean
21. 灿烂	（形）	cànlàn	brilliant

三、回答问题　Answer the following questions

1. "我"是做什么工作的？

2. 这个小男孩来公司做什么？

3. "我"为什么把他带到了办公室？

4. 男孩希望找一个什么样的工作？

5. 男孩为什么要找这个工作？

6. "我"为什么决定到男孩家里去看看?

四、复述 Repeat this text

家　禽①

一年级老师教学生认识家禽。

老师:"有一种动物两只脚,每天早上太阳公公出来时,它都会叫你起床,而且叫到你起床为止,是哪一种动物?"

一个孩子立刻回答:"妈妈!"

老师笑得差点儿断气。

注释:

① 家禽 jiāqín:poultry

第二课　谁能没有遗憾的事呢

课文一：会话　Huìhuà　Dialogue

谁能没有遗憾的事呢

（两个朋友在聊天儿）

A：今天上口语课的时候，老师问我们什么情况下会感到"遗憾"。

B：你是怎么回答的呢？

A：我没有回答。

B：为什么？难道你没有遗憾的事吗？

A：我哪能没有遗憾的事呢？正因为我感到遗憾的事情太多了，所以不知道该怎么回答了。

B：你有什么遗憾呢？

A：比如说我爱玩，可是得去上课，不能玩，这不是遗憾吗？我爱看足球比赛，一场很好的比赛没看着，当然觉得很遗憾，不过最大的遗憾还是到现在连一次恋爱都没谈过，至今还没有交过一个女朋友。

B：那是够遗憾的。

A：你就没有遗憾的事吗？

B：谁能没有遗憾的事呢？你的遗憾是到现在还没有女朋友，我的遗憾是，我的好几个女朋友，到头来，都跟别的男人跑了。

A：你是怎么搞的嘛？

B：我哪儿知道。我喜欢的女孩子，人家不喜欢我，看得上我的女孩子，我又看不上她。所以谈过几次恋爱，到现在还是孤身一人，光棍儿一条。

A：那是够遗憾的。

B：不过，我认为凡事只要你努力去做了，即使得不到理想的结果，也不必感到遗憾。包括谈恋爱，看到自己喜欢的女孩跟别人跑了，心里的滋味是不好受。可是再一想，爱一个人不是要她得到幸福吗？只要她幸福，我就为她感到高兴。这么一想，就不觉得遗憾了。

A：你倒挺想得开的。

B：我要是再想不开，不是就更遗憾了吗？我要不这么安慰自己，早就被失恋的苦酒淹死了。书上说，人一生，不如意的事七八九。如意的事一二三。苏东坡也说过："人有悲欢离合，月有阴晴圆缺，此事古难全。"这么一想，就觉得，生活中时有遗憾也是人生常态，算是生活的一部分吧。断臂的维纳斯遗憾不遗憾，可谁能说她不美呢？

A：你说得对。其实，有遗憾才有追求，有希望。仔细想想，就是那些先哲先贤们，他们的一生中不是也有很多遗憾吗？更何况我们这些普通人呢。

一 生词 Shēngcí New words

1. 遗憾	（形）	yíhàn	regret; pity
2. 回答	（动）	huídá	answer
3. 爱	（动）	ài	love; like; be fond of
4. 至今	（副）	zhìjīn	so far; until now
5. 交	（动）	jiāo	associate with；交朋友：make friends
6. 到头来	（副）	dàotóulái	(mostly used in the negative) in the end; finally
7. 男人	（名）	nánrén	man
8. 看得上		kàn de shàng	take a fancy to sb. or sth.
9. 看不上		kàn bu shàng	look down upon
10. 光棍儿	（名）	guānggùnr	unmarried man; bachelor
11. 凡	（副）	fán	all; every; any
12. 不必	（副）	búbì	need not; not have to
13. 好受	（形）	hǎoshòu	feel better; feel more comfortable
14. 想得开		xiǎng de kāi	try to look on the bright side of things

15. 想不开		xiǎng bu kāi	take things too hard; take a matter to heart
16. 苦	(形)	kǔ	bitter
17. 淹	(动)	yān	flood;淹死:die from drowning
18. 死	(动)	sǐ	die; be dead
19. 如意	(形)	rúyì	be satisfied; as one wishes
20. 悲欢离合		bēi huān lí hé	joys and sorrows
21. 时	(副)	shí	occasionally
22. 常态	(名)	chángtài	normality; normalcy
23. 部分	(名)	bùfen	part
24. 断	(动)	duàn	break
25. 臂	(名)	bì	arm
26. 追求	(动)	zhuīqiú	seek; pursue
27. 先哲	(名)	xiānzhé	great thinker of the past
28. 先贤	(名)	xiānxián	ancient sage
29. 何况	(连)	hékuàng	[used in rhetorical questions] much less; let alone
30. 普通	(形)	pǔtōng	common; ordinary;普通人: ordinary person

专 名 Zhuānmíng Proper nouns

1. 苏东坡(轼) Sū Dōngpō(Shì) name of a person
2. 维纳斯 Wéinàsī Venus

二 注释 Zhùshì Notes

(一) 至今

副词"至今"的意思是：到现在。在句中用在动词前面作状语。例如：

(1) 我至今还没有交过一个女朋友。

(2) 虽然离开中国已经两年，可是我至今还怀念在中国学习和生活的日子。

(3) 他大学毕业后，至今没有找到工作。

(4) 他回国后至今没有给我来过信。

(二) 凡

副词"凡"有"只要是"的意思。可以用在名词前面。例如：

(1) 我认为凡事只要你努力去做了，即使得不到理想的结果，也不必感到遗憾。

(2) 凡在我们大学学习过的，不管时间长短，都可以参加校友会。

(3) 在中国，凡年满18岁的，就算成人了。

（三）不必

副词"不必"表示在事实上或情理上不需要。在句中作状语。例如：

(1) 即使得不到理想的结果，也不必感到遗憾。

(2) 妈妈，我在这里一切都很好，你不必为我操心。

(3) 现在时间还早，不必着急。

(4) 这次去外地进行语言实践活动由老师带队，你们不必担心。

（四）到头来

副词"到头来"表示"到最后，结果是"，多用于坏的方面。在句中作状语。例如：

(1) 我的遗憾是，我的好几个女朋友，到头来，都跟别的男人跑了。

(2) 你还是应该坚持上课，如果不去上课，到头来老师讲的你都不懂，考试怎么能通过呢？

(3) 他什么都想干，但是没有毅力，干什么都是三天打鱼，两天晒网，到头来一事无成。

（五）看不上

"看不上"的肯定形式是"看得上"。"看上"表示看了以后满意，喜欢，希望得到。"看得上"表示看了以后能满意，"看不上"表示看了以后不满意，不喜欢，不要。在句中做谓语或定语。例如：

(1) 看得上我的女孩子，我又看不上她。
(2) 电视台看上了她，想让她去表演一个汉语节目。
(3) 这辆车的样式我看不上。
(4) 这件毛衣的样式不知道你看得上看不上？

(六) 想不开

"想不开"的肯定形式是"想得开"，"想得开"表示遇到不如意的事时不把它放在心上，不影响自己的情绪。而"想不开"则表示遇到不如意的事常常放在心上，从而导致心情不好，情绪不高。可以在句中作谓语。例如：
(1) 我要是再想不开，不是就更遗憾了吗？
(2) 遇事想不开的时候，要多跟朋友聊聊，千万不要放在心上，影响自己的情绪，也影响身体健康。
(3) 这点小事你千万不要想不开。

"想得开"的用法：
(4) 他这个人心宽，遇事能想得开，所以你不用为他担心。

"想开"的用法：
(5) 其实，这件事你要想开了就觉得没什么。
(6) 凡事要想开点，不要自寻烦恼。

(七) 何况

连词"何况"用在后一个小句开头，用反问语气表示比较起来更进一层的意思。用在后一个小句开头，由于前一小句的意思，后一句所说的意思不言自明。例如：

(1) 就是那些先哲先贤们，他们的一生中不是也有很多遗憾吗？更何况我们这些普通人。

(2) 有些汉字中国学生也不认识，何况我们外国留学生呢。

(3) 你是研究汉语语法的专家，这个问题你都不明白，何况别人呢。

(八) 人一生，不如意的事七八九，如意的事一二三

这里采用的是民间的说法，有人认为出自南宋方岳的诗句"不如意事常八九，可与人言无二三"。

(九) 人有悲欢离合，月有阴晴圆缺，此事古难全

这是苏东坡(轼)有名的词《水调歌头》中的一句。意思是，人有悲伤的时候，也有高兴的时候，有离别的时候，也有团聚的时候，而月亮有圆的时候，也有缺的时候，这类事情都属社会和自然常态，自古以来没有十全十美的。表达了诗人旷达乐观的情怀。

三 练习 Liànxí Exercises

(一) 语音 Speech sound

1. 听一听，说一说，体会每组发音的不同
   Listen and practice, and distinguish the differences

   遗憾　yíhàn　　　　回答　huídá
   疑犯　yífàn　　　　会答　huì dá

| 至今 zhìjīn | 男人 nánrén |
| 织锦 zhī jǐn | 难忍 nánrěn |

| 不必 búbì | 好受 hǎoshòu |
| 不比 bùbǐ | 好手 hǎoshǒu |

2. 诗词朗读　Read aloud the following poem

乌衣巷
Wūyīxiàng

（唐）　刘　禹锡
(Táng)　Liú　Yǔxī

朱雀　桥　边　野　草　花，乌衣　巷口　夕阳　斜。
Zhūquè qiáo biān yě cǎo huā, wūyī xiàngkǒu xīyáng xiá.

旧　时　王　谢　堂　前　燕，飞入　寻常　百姓　家。
Jiù shí Wáng Xiè táng qián yàn, fēirù xúncháng bǎixìng jiā.

（二）朗读下列词语　Read aloud the following words and phrases

很遗憾　非常遗憾　感到遗憾　遗憾得很

不回答　会回答　不会回答　回答不了

爱玩　爱踢足球　爱打网球　爱唱歌

至今没有消息　至今没来　至今还不知道

看得上　看不上　想得开　想不开

不必着急　不必担心　不必早起　不必去得那么早

不好受　心里不好受　好受点儿了

（三）选词填空并熟读下列句子

Choose the right words to fill in the blanks then read aloud the following sentences

| 光棍儿 | 看得上 | 苦 | 到头来 | 回答 | 交 | 想得开 |
| 好受 | 至今 | 想不开 | | 遗憾 | 看不上 | |

1. 这个展览非常精彩，昨天你没有去看，真_____。
2. 这个题有点儿难，我不会_____。
3. 他出国后_____没有给我来过一封信。
4. 来中国以后我_____了很多朋友。
5. 她眼可高了，_____的男生几乎没有，所以到现在也没有交上男朋友。
6. 别人给他介绍了几个女孩子，可是他都_____。
7. 我即使打一辈子_____，也不会跟那样的女孩子交朋友。
8. 遇事一定要想开点儿，你老是这么_____，会生病的。
9. 他这个人遇事_____，总认为天塌下来有大个子顶着呢，自己照样吃得好，睡得香。
10. 看到你这么难过，我心里也不_____。
11. 他自以为聪明，看不起人，_____，连一个朋友也没有。
12. 要想学好汉语，就不能怕_____，要多记生词，多听多说才行。

（四）完成句子 Complete the following sentences

1. 来中国后，你哪儿也没去过，_____。（难道）
2. 万里长城世界闻名，可惜_____。（至今）
3. 我给他买的这几件衣服，_____。（看不上）
4. 无论干什么，只要努力了，_____。（即使）
5. 汉字那么多，连中国人也不一定都认识，_____。（何况）
6. 他嘴上说不感到遗憾，_____。（其实）

（五）回答问题　Answer the following questions

1. 什么情况下你会感到"遗憾"？
   _____。

2. 你都遇到过什么感到遗憾的事？
   _____？

3. 什么时候你心里会产生"不好受"的感觉？
   _____。

4. 要是你的好朋友心里不好受时，你会怎么安慰他/她？
   _____。

5. 你遇事有没有"想不开"的时候？这时候你是怎么让自己想开的？
   _____。

6. 书上说，人一生如意的事，一二三，不如意的事，七八九。你同意这种说法吗？为什么？
   _____。

（六）说出下列句子的使用语境（要求脱离课文，自己设置）
Describe the situations of the following sentences

1. 我劝你想开点儿。/ 你可别想不开。

2. 我还看不上他/她呢。

3. 那是够遗憾的。

课文二：短文　Duǎnwén　Text

一、朗读　Read aloud

晏子的故事

一

晏子是春秋时期齐国的宰相，他善于辞令，是当时很有名的外交家。一次，他被派出使楚国。楚王听说晏子长得比较矮，想侮辱他，就让人在大门旁边开了一个小门，准备等晏子来的时候，叫他从小门进。晏子到了楚国，卫兵按照楚王的意思叫晏子走小门。晏子对卫兵说："只有到狗国去的人，才从狗洞进去。今天我被派到楚国来，为什么让我走狗洞呢？"卫兵回答不了晏子的话，只好让他从大门进去了。

二

晏子见了楚王，楚王说："齐国太没有人了！"

晏子说："齐国的首都就有七八千户人家，每天街上人来人往。只要人们举一举袖子，就能把太阳遮住，甩一甩汗，就跟下雨一样，大王怎么能说齐国没有人呢？"

楚王说："齐国既然有那么多人，为什么派你这样的人来楚国呢？"

"啊——"晏子回答说："我们齐国派大使有一个原则：对方是什么样的国家，就派什么样的人去当大使。如果对方的国王有才能，就派有才能的人去。如果对方的国王是个无能的人，我们就派没有才能的去。我在齐国是个最没用的人，所以才派到楚国来。"

三

楚王见侮辱晏子的办法没有成功，就又想了一个主意。一天，楚王请晏子参加宴会。大家正喝着酒，忽然两个卫兵拉着一个人从旁边经过。

楚王问："这个人是干什么的？"

卫兵回答："是个小偷儿。"

楚王又问："是从哪里来的？"

卫兵回答："他是齐国人，是从齐国来的。"

楚王听了，转过身来笑着对晏子说："怎么，你们齐国人都爱偷东西吗？"

晏子不慌不忙地站起来说："我听说过，橘子树长在淮河以南，结的果实又香又甜。如果把它移到淮河以北，结的果实就变得又酸又苦。为什么呢？是因为水土的关系。我们齐国人从来不偷别人的东西，可是一到楚国就变成了小偷儿。我看，一定也是因为水土的关系！"

楚王被晏子说得满脸羞愧。他本来想侮辱晏子，没想到，却搬起石头砸了自己的脚。

二、生词　New words

1.	宰相	（名）	zǎixiàng	prime minister
2.	辞令	（名）	cílìng	words or speech appropriate to the occasion
3.	外交家	（名）	wàijiāojiā	diplomat
4.	出使	（动）	chūshǐ	be sent on a diplomatic mission
5.	矮	（形）	ǎi	short (of stature)
6.	侮辱	（动）	wǔrǔ	insult
7.	袖子	（名）	xiùzi	sleeve
8.	遮	（动）	zhē	cover; hide from view
9.	甩	（动）	shuǎi	move backward and forward
10.	原则	（名）	yuánzé	principle
11.	对方	（名）	duìfāng	the other side
12.	无能	（形）	wúnéng	incompetent; incapable
13.	卫兵	（名）	wèibīng	guard
14.	小偷儿	（名）	xiǎotōur	petty thief
15.	不慌不忙		bù huāng bù máng	unhurried; calm
16.	又香又甜		yòu xiāng yòu tián	fragrant and sweet
17.	移	（动）	yí	move
18.	水土	（名）	shuǐtǔ	natural environment and climate

| 19. 羞愧 | （形） | xiūkuì | ashamed |
| 20. 搬起石头砸自己的脚 | | bān qǐ shítou zá zìjǐ de jiǎo | pick up a stone to drop it on one's own feet—suffer from one's own actions |

专名 Proper nouns

1. 晏子　　Yànzǐ　　　name of a person
2. 春秋　　Chūnqiū　　Spring and Autumn Period（722–481 B.C.）
3. 齐国　　Qíguó　　　Qi state during the Zhou Dynasty
4. 楚国　　Chǔguó　　Chu state during the Zhou Dynasty
5. 淮河　　Huái Hé　　Huai River

三、回答问题　Answer the following questions

1. 晏子是什么人？

2. 他被派到楚国去做什么？

3. 楚王是怎么侮辱晏子的？结果怎样？

4. 请你也举一个"搬起石头砸了自己的脚"的例子。

四、复述 Repeat this text

小心地滑

妈妈和我带小姨、表妹出去玩,天上下着毛毛细雨,地上有点滑。尽管非常小心,但在一个大厦的门口,表妹还是在光滑的大理石地砖上滑倒了,刚买的一身新衣服也被弄湿了。小姨的脸顿时沉了下去。妈妈一看,忙伸手拉起了表妹,还指着大厦门前竖着的那块"小心地(dì)滑"的牌子说:"摔疼了吧?别人叫你小心地(de)滑,你怎么就不小心地(de)滑呢?"

笑得我都差点摔倒,连小姨都笑了。

第三课 人为什么要说谎?

课文一：会话　Huìhuà　Dialogue

人为什么要说谎?

(A在做练习,突然笑了起来,同屋B问她……)

A：你一个人在傻笑什么呢?

B：我想起今天上午的课就想笑。

A：上课有什么可笑的?

B：你不知道,我们老师特别风趣幽默,加上班里又有几个活宝,所以,课堂上经常充满笑声。今天上课,老师要我们互相问答,同学们问了很多问题。

A：都问了些什么问题?

B：你见过大熊猫没有?做过噩梦或者美梦没有?丢过东西没有?迷过路没有?吃过糖葫芦没有?吃过后悔药没

有？出过什么洋相没有？当过追星族没有？等等。

A：你问的是什么问题？

B：我问西西，谈过恋爱没有？西西大方地说，当然谈过。西西问马丁的问题是：你说过谎没有？马丁回答，当然说过。他说小时候，有一天不想去上学了，就给老师打电话，说："老师，我的小马丁病了，今天不能去上课了。"老师一听是他的声音，就问，你是谁呀？他说："我是我爸爸。"

A：哈，哈，真有意思。

B：更有意思的是麦克，西西问他说过谎没有。麦克信誓旦旦地说："没有。西西，我可是世界上最老实的人，从来不说谎。也没有谈过恋爱，要是你跟男朋友吹了的话，就当我的女朋友吧。"马丁一听就大声地说："西西，你可别信他的，麦克现在就在说谎……他起码谈过五次恋爱，有过五个女朋友。你可千万别上当。"听了马丁的话，同学们都笑了起来。麦克则镇静地说："你们听了马丁的话，就知道什么叫'说谎'了。"

A：你们班真有意思。提起说谎，我也听过一个笑话。一天，爸爸教育儿子："儿子，你可别说谎，说谎的孩子不是好孩子。"儿子边听边点头说："是！爸爸，我一定听你的话，不说谎。"这时，突然外边有人敲门。爸爸就对儿子说："快去看看谁来了，要是找爸爸的，就说我不在家。"

B：哈，哈，这个爸爸够有意思的。

A：你说，几乎所有的父母都教育孩子要诚实，不要说谎，那为什么他们自己还说谎呢？

B：这看起来很矛盾，实际上原因很复杂。要我说，既有客观原因也有主观原因。

A：客观原因是什么？

B：客观原因么，当然是社会环境造成的。

A：那主观原因呢？

B：至于主观原因么，一是有隐私，为了保护自己，不想把真相告诉别人，二可能是出于私心，为了私利，也不说实话。三也许是出于好心，怕让亲人或朋友难过等。总之，说谎是个非常复杂的心理现象和社会现象，我也说不清楚。

A：像我刚才说的那位爸爸，他想没想过，自己的行为会对儿子产生什么样的影响，恐怕儿子再也不会相信他的说教了。

B：这就是说谎的代价。要让孩子不说谎，做父母的就不能说谎。要让学生不说谎，当老师的也别说谎。

A：你说得对。不过，要求一个人一辈子不说谎，是不是太难了？

一 生词 Shēngcí New words

1. 傻笑	（动）	shǎxiào	laugh foolishly
2. 可笑	（形）	kěxiào	ridiculous; funny
3. 幽默	（形）	yōumò	humour
4. 活宝	（名）	huóbǎo	a funny fellow
5. 噩梦	（名）	èmèng	nightmare
6. 美梦	（名）	měimèng	fond dream
7. 大方	（形）	dàfang	natural and poised; unaffected
8. 信誓旦旦		xìn shì dàndàn	pledge in all sincerity; vow solemnly
9. 吹	（动）	chuī	(of sth. or a relationship) break up; fail
10. 千万	（副）	qiānwàn	(of an admonition) must; make sure to
11. 上当		shàng dàng	be taken in; be fooled; be duped
12. 镇静	（形）	zhènjìng	calm; composed

13. 敲门		qiāo mén	knock at the door
14. 几乎	（副）	jīhū	almost
15. 诚实	（形）	chéngshí	honest
16. 客观	（名）	kèguān	[as opposed to "subjective"] objective
17. 主观	（名）	zhǔguān	[as opposed to "objective"] subjective
18. 隐私	（名）	yǐnsī	privacy
19. 出于	（动）	chūyú	start from; proceed from; stem from
20. 私心	（名）	sīxīn	selfish motives (or ideas); selfishness
21. 私利	（名）	sīlì	private interest; personal gain
22. 现象	（名）	xiànxiàng	phenomenon
23. 说教	（动）	shuōjiào	give sb. a sermon; preach ineptly or tediously
24. 代价	（名）	dàijià	price; cost

二 注释 Zhùshì Notes

(一) 则

连词"则"是个书面语,课文中的"则"表示对比。
(1) 听了马丁的话,同学们都笑了。麦克则镇静地说,你们听了马丁的话,就知道什么叫"说谎"了。
(2) 比他晚来北京的同学因为坚持上课,进步很快,他则落后了。
(3) 学过的同学觉得老师讲得太慢,而没学过的同学则觉得太快了。

(二) 千万

副词"千万"意思是一定、务必。表示劝告、叮嘱。只用于祈使句。后面多用否定词语,如"别、不要、不可、不能、不要"等。用于肯定句时,后面跟"要"。例如:
(1) 麦克在说谎,你可千万别上当。
(2) 开车一定要遵守交通法规,千万不能酒后开车。
(3) 我让你办的事你可千万别忘了。
(4) 这件事你千万不要告诉她。
(5) 抽烟时千万要小心,别把烟头到处乱扔。

(三) 几乎

副词"几乎"表示非常接近,差不多。在句中做状语。例如:
(1) 你说,几乎所有的父母都教育孩子要诚实,不要说谎,那为什么他们自己还说谎呢？

(2) 我们班几乎每个学生都有手机。

(3) 你看，树上的叶子几乎全红了。

"几乎"也有"差点儿"的意思。多用在动词前。

如果是不希望发生的事，句子中用"几乎"，肯定式和否定式意思相同，都表示眼看就要发生的事，结果没有发生。例如：

(4) 前面的车突然一停，我的车几乎跟它撞上。

也可以说：前面的车突然一停，我的车几乎没跟它撞上。

（意思都是：没撞上）

(5) 雪很大，路太滑，我几乎没摔倒。

也可以说：雪很大，路太滑，我几乎摔倒。（都是没摔倒）

(6) 今天早上我七点半才起床，几乎迟到。

也可以说：今天早上我七点半才起床，几乎没迟到。

（没迟到）

如果是希望发生的事，肯定句表示没有发生。否定句表示事情发生了。例如：

(7) 我去的时候，就剩这一本了，几乎没买到。（买到了）

(8) 要不是中间出了点儿问题，事情几乎办成了。（没办成）

(四) "所有"与"一切"

"所有"是形容词，"一切"是形容词和代词，"所有"的前边一般有表示限定范围的词语，做定语修饰名词时可以带"的"，也可以不带，"一切"直接修饰名词，不带"的"。

(1) 现在所有（的）问题都已经解决了。

也可以说：现在一切问题都已经解决了。

"一切"用于修饰可以分类的事物，不能修饰不能分类的事物，"所有"没有此限。

(2) 世上一切事物都在发展变化中。

　　也可以说：世上所有事物都在发展变化中。

(3) 冰箱里所有的啤酒都喝光了。

　　不能说：冰箱里一切的啤酒都喝光了。

"所有"还是动词，"一切"没有动词的用法。

(4) 这些土地、山川都归国家所有。

　　不能说：这些土地、山川都归国家一切。

三 练习 Liànxí Exercises

(一) 语音 Speech sound

1. 听一听，说一说，体会每组发音的不同

Listen and practice, and distinguish the differences

| 笑声 | xiàoshēng | 镇静 | zhènjìng |
| 小声 | xiǎoshēng | 震惊 | zhènjīng |

| 诚实 | chéngshí | 客观 | kèguān |
| 城市 | chéngshì | 可观 | kěguān |

| 主观 | zhǔguān | 隐私 | yǐnsī |
| 主管 | zhǔguǎn | 因私 | yīn sī |

| 出于 | chūyú | 私心 | sīxīn |
| 处于 | chǔyú | 死心 | sǐxīn |

2. 诗词朗读　　Read aloud the following poem

别　董　大
Bié　Dǒng　Dà

（唐）高　适
(Táng) Gāo　Shì

千 里 黄 云 白 日 曛， 北 风 吹 雁 雪 纷 纷。
Qiān lǐ huáng yún báirì xūn, běi fēng chuī yàn xuě fēnfēn.

莫 愁 前 路 无 知 己， 天 下 谁 人 不 识 君。
Mò chóu qián lù wú zhījǐ, tiānxià shuí rén bù shí jūn.

（二）朗读下列词语　　Read aloud the following words and phrases

很可笑　非常可笑　可笑的事　可笑的人

很大方　大方地说　自然大方

千万小心　千万注意　千万别上当　千万别多喝

几乎迟到　几乎摔倒　几乎忘了　几乎喝醉

既大又甜　既好又便宜　既能唱又能表演

客观环境　客观条件　客观原因

主观上　主观条件　主观原因

出于私心　出于公心　出于无奈

（三）选词填空并熟读下列句子

Choose the right words to fill in the blanks then read aloud the following sentences

| 迷路　诚实　代价　客观　追星族　可笑　复杂 |
| 吹　噩梦　镇静　大方　既　几乎　千万 |

A

1. 我给你讲个故事吧，非常_____，你想不想听？
2. 对于这个国家的人民来说，这场战争简直就是一场_____。
3. 刚到一个新地方_____是难免的。
4. 学过的课文他_____都能背着说下来。
5. 上中学的时候我也曾当过_____。
6. 她在这个电影里的表演自然_____，很受观众喜爱。
7. 这件事你_____不要告诉她，免得她知道了伤心。
8. 我听说她已经跟她男朋友_____了。
9. 遇到这种情况的时候千万不要慌，一定要_____。
10. 她_____会英语又会日语，正是我们公司需要的人才。
11. 对于我们留学生来说，要充分利用生活学习在中国的_____语言环境，多跟中国人交流，尽快提高听说能力。
12. 发生这件事的原因很_____，一时说不清楚。
13. 如果办什么事都出于私心、私利，最后要付出的_____是你自己都难以想象的。
14. 他是个_____的人，决不会干那样的事。

B

1. 我_____的衣服都在这个箱子里。　　　　　　（所有　一切）
2. 这一课_____的生词我都记住了。　　　　　　（所有　一切）
3. 这就是我要告诉你的_____。　　　　　　　　（所有　一切）

（四）完成句子　Complete the following sentences

1. 你不要不高兴，他说你，_____。　　　　　　　　（出于）
2. 这座山上的风景很美，_____，所以，来这里旅游的中外游人很多。　　　　　　　　　　　　　　　　　　　（加上　夏天　凉快）
3. 看起来她不太爱说话，_____。　　　　（实际上）
4. 我爸爸妈妈几乎每年都来中国，加上今年_____。（起码）
5. 这次来中国，既进修了汉语，_____，真是一举两得。（又）
6. 我们别等了，他到现在还不来，_____。　　（也许）
7. 遇到这种事，最好多跟朋友聊聊，_____。（千万　想不开）
8. 附近的中国饭馆，_____。　　　　　　　（几乎）

（五）回答问题　Answer the following questions

1. A：“你一个人在傻笑什么呢？”这句话是对谁说的？什么情况下说？
   B：_____？

2. A：你们班上课时有什么可笑的事情？请举一个例子。
   B：_____。

3. A：你们班的课堂上有没有笑声？
   B：_____。

4. A：说谎的代价是什么？
   B：_____。

5. A：你喜欢"风趣、幽默、大方"的人吗？为什么？
   B：_____。

6. A：你认为人为什么会说谎？
   B：_____。

（六）说出下列句子的使用语境 （要求脱离课文，自己设置）

Describe the situations of the following sentences

1. 你傻笑什么呢？

2. 快去看看谁来了。

3. 这件事的原因很复杂。

课文二：短文 Duǎnwén Text

一、朗读 Read aloud

诚实不容易

这家工厂来了一位设备工程师，原先在外省的一家大型企业上班，有二十多年设备管理经验，不知为什么携妻带女跑到杭州来找工作。

应聘时，他专挑那些地处偏僻的企业，最终和电缆厂达成初步协议，谈到工资时，他几乎没有提什么要求。

人事经理大感意外，婉转地问他为何要求这么低，但他低下头不做声。人事经理也只好不再问了，心想，谁还没有一点隐私呢。

几天后签合同，那人对人事部经理说："几天前你问我的那个问题，我想，还是应该告诉你。"他说："我是被原先那家企业开除的，我在那里认识的人太多，呆不下去了。"

人事部经理马上把合同收了起来，对他说，自己不能决定，现在是否聘用他，需要经过董事长同意。

于是，他来到了董事长面前，董事长听完他的解释，又看了他的简历，沉吟半晌，说："我还是决定聘用你。"

这让人事部经理感到有些意外。董事长说："一个人的经验固然宝贵，但是，诚实更不容易。"

这个故事是那位当人事部经理的朋友告诉我的。他说那位设备工程师现在是公司动力科科长了，工作干得非常出色，有多家私营单位想挖走他，他都没有走。他说，在我人生最困难的时候，这个厂聘用了我。人要讲良心，滴水之恩，当涌泉相报，只要公司不解雇我，我会在这里一直干下去。

（根据《诚实不简单》改写，作者：流沙，选自《生活日报》）

二、生词 New words

1. 设备　　　（名）　shèbèi　　　equipment
2. 携(妻)带(女)　　xié(qī)dài(nǚ)　　bring along one's wife and daughter
3. 偏僻　　　（形）　piānpì　　　remote

4. 达成	（动）	dáchéng	reach
5. 协议	（名）	xiéyì	agreement；达成协议：reach an agreement
6. 婉转	（形）	wǎnzhuǎn	(of rhetoric)tactful and indirect(but retaining the meaning one wants to express)
7. 做声	（动）	zuòshēng	make a sound
8. 签	（动）	qiān	sign
9. 合同	（名）	hétong	contract
10. 开除	（动）	kāichú	expel；discharge
11. 简历	（名）	jiǎnlì	resume
12. 沉吟	（动）	chényín	mutter to oneself in hesitation
13. 固然	（副）	gùrán	[admitting a certain fact for transition in the context] though；of course
14. 出色	（形）	chūsè	excellent；extremely good
15. 私营	（形）	sīyíng	privately owned
16. 挖	（动）	wā	dig
17. 良心	（名）	liángxīn	conscience
18. 滴水之恩，当涌泉相报		dī shuǐ zhī ēn, dāng yǒng quán xiāng bào	for the favour of a drop of water, pay back a gushing founfain；thankful for small mercies
滴	（量）	dī	used with dripping liquid
恩	（名）	ēn	favour；kindness

涌	（动）	yǒng	gust
泉	（名）	quán	fountain
相	（副）	xiāng	indicating an action done by one person to another
19. 解雇	（动）	jiěgù	discharge

三、回答问题　Answer the following questions

1. 这位工程师是从什么地方来杭州找工作的？

2. 他专挑什么样的企业去应聘？

3. 人事经理为什么对这位工程师的举动感到意外？

4. 签合同时，这位工程师对人事经理说了什么？

5. 董事长知道这位工程师的情况后，为什么还要聘用他？

6. 这位工程师在新的单位工作得怎么样？

四、复述　Repeat this text

测 谎

心理学教授对学生们说:"今天准备给大家讲'什么是谎言'。请问,你们当中读过我《论谎言》这本书的请举起手来。"所有的学生都举起了手。

"很好,"教授接着说,"对于'什么是谎言',我们大家都有了切身的体会,因为我的这本著作还没出版呢。"

第四课　难忘的经历

课文一：会话　Huìhuà　Dialogue

难忘的经历

(这是外国留学生刘易斯在中国的一段真实的经历……)

刘易斯：无论经历什么事，第一次总是令人难忘的。

爱德华：可不是嘛。那你最难忘的第一次是什么？

刘易斯：要说最难忘的，是去年冬天到哈尔滨去旅行。

爱德华：发生了什么事？

刘易斯：我把腰包丢了。

爱德华：腰包里有什么？

刘易斯：我全部重要的东西都在腰包里。有护照、手机、钱包，钱包里还有几千块钱和一张回程机票。

爱德华：怎么丢的？

第四课 难忘的经历

刘易斯：那天我要去一家饭店吃饭，一边走一边看街景。因为天冷，我穿得很厚，外边还套了一件棉大衣，腰包扣儿不知道什么时候脱落了，到饭店脱了大衣，我才发现腰包没有了。当时脑袋"嗡"的一下儿，都蒙了，不知道怎么办。心想，可能掉在来饭店的路上了，就立刻回去找。

爱德华：马路上人来人往的，哪儿还找得到啊？可能早就被人捡走了。

刘易斯：是啊。我来回找了半天，问了不少人，都说没看见。我当时真不知道该怎么办。忽然想起老师说的话，"有困难，找民警。"于是，我就去找民警，希望他能帮助我。那时我汉语说得还不太好，民警又听不懂英语。看我着急的样子，知道我需要帮助，就找来了一个懂英语的学生。当得知我丢了腰包时，就说，他只是交警，要我赶快拨打110。可是我已身无分文，连打电话的钱也没有。于是，他就帮我打。不一会儿，110的警车来了，他们问明了情况，就带我去了公安局。

爱德华：把你带到公安局干什么？

刘易斯：开始我也不明白。因为当时很无助，加上又冷又饿，心情别提多糟糕了，只好跟他们去。到了公安局，他们叫来了一位年轻的警察，会说英语。他安慰我说，别着急。一位中年警察问了我的姓名、国籍，来哈尔滨干什么，住在什么地方等等，边问边记，我一一做了回答。问完了，他说，你放心吧，我们马上跟你们大学联系。

爱德华：为什么要跟学校联系？

刘易斯：我也不知道。后来我才明白，一是为了确认我的身份，二是与学校商量怎么帮助我。

爱德华：那后来呢？

刘易斯：后来的故事就是让我最难忘的。不一会儿，那位年轻的警察过来对我说，你还没吃饭吧。我先带你到食堂吃点东西。我跟他去了食堂，他帮我买了饭，我饱饱地吃了一顿。吃了饭，那位中年警察又来了，他说，已经跟你们学校联系上了，我们商量了一下，估计你的腰包一时也找不回来。你现在又没有钱。我们可以先借给你一些钱，你还是按照原来的计划，好好在哈尔滨玩几天，看看冰雕、冰灯。住嘛，还住在你订的那家宾馆里。机票，我们也跟民航联系过了，他们会给你补一张。你看怎么样？

爱德华：有这样的好事？

刘易斯：我当时也有点儿不敢相信。可是看他们一脸的真诚，不像是跟我开玩笑，就连连表示感谢。那位中年警察说，不用客气。你既然来到了我们哈尔滨，当然就是我们的客人，你遇到了困难，帮助你是应该的。你不是也知道有困难，找民警嘛。找我们就找对了。东西丢了，当然让人不快。不过，既然丢了，就想开点儿，只是没有护照，比较麻烦。因此，我们派一名警察陪着你，他也是新手，刚大学毕业到局里来，英语没问题。你就好好在我们这里玩几天，怎么样？

爱德华：你真是遇到好人了。

刘易斯：是。就这样，我在那位年轻警察的陪伴下，在哈尔滨美美地玩了三天。对了，他叫小范，回北京的时候，是小范开车把我送到机场的。临别时，我向小范深深地鞠了一躬，并和他紧紧拥抱。他说，欢迎你再来。可以说这是我到中国以后，最难忘的一次经历。回来后，我把这段经历写成了一篇作文。老师看了以后说，写得很好，帮我修改了一下，就推荐给《北京晚报》发表了。

第四课 难忘的经历

一 生词 Shēngcí New words

1. 难忘 （动） nánwàng unforgettable; memorable
2. 经历 （动、名） jīnglì go through; personal experience
3. 无论 （连） wúlùn no matter what, how, etc.; regardless
4. 腰包 （名） yāobāo purse; pocket
5. 回程 （名） huíchéng return trip
6. 套 （动） tào cover with
7. 扣儿 （名） kòur knot (in a rope)
8. 脱落 （动） tuōluò (of sth. attached to sth. else) drop
9. 嗡 （象） wēng onom.
10. 蒙 （动） mēng unconscious; senseless
11. 半天 （名） bàntiān long time; quite a while
12. 身无分文 shēn wú fēn wén have not a penny to one's name
13. 公安局 （名） gōng'ānjú police station
14. 别提……了 bié tí…le no need to mention
15. 确认 （动） quèrèn confirm
16. 身份 （名） shēnfen status; identity

53

17. 一时	（副）	yìshí	for a short while
18. 真诚	（形）	zhēnchéng	with all one's heart; sincere
19. 连连	（副）	liánlián	repeatedly
20. 不快	（形）	búkuài	unhappy; displeased
21. 想开点儿		xiǎngkāi diǎnr	take it easy; not take unpleasant things to heart
22. 陪伴	（动）	péibàn	keep sb. company
23. 临别	（动）	línbié	at parting; just before parting
24. 深	（形）	shēn	deeply; keenly
25. 鞠躬		jū gōng	bow
26. 紧紧	（副）	jǐnjǐn	closely; firmly; tightly
27. 拥抱	（动）	yōngbào	embrace
28. 修改	（动）	xiūgǎi	revise; amend

专名 zhuānmíng Proper nouns

1. 刘易斯　　　Liúyìsī　　　Lewes
2. 小范　　　　Xiǎo Fàn　　　name of a person
3. 《北京晚报》　Běijīng Wǎnbào　*Beijing Evening News*

二 注释 Zhùshì Notes

(一) 无论

连词"无论"用在有表示任指的疑问代词（谁、什么、怎么样等）或有选择关系的并列成分的句子里，表示在任何条件下结果或结论都不会改变。后边有'都'或'也'呼应。也可以说"不论"。例如：

（1）无论什么事，第一次经历都是令人难忘的。

（2）无论学习什么语言都要下苦工夫才能学好。

（3）学习中无论遇到什么困难，他都没有灰心过。

（4）无论你去不去都给我来个电话。

(二) 令

动词"令"表示让、叫、使。常组成兼语句。多用于书面。例如：

（1）无论什么事，第一次经历都是令人难忘的。

（2）这是一个令人高兴的好消息。

（3）他这种精神令人感动。

（4）这一事件令世界震惊。

（5）你这样说当然令她伤心。

(三) 别提……了

"别提……了"的意思是"不要说了"，无论遇到好事或坏事都可以说。遇到好事时，表示兴奋愉快的心情无法用语言表达；遇到坏事时，表示不愿再提起这件事。例如：

（1）因为当时很无助，加上又冷又饿，心情别提多糟糕了，只好跟他们去了公安局。

(2) 看到快终场时,红队又进了一个球,球迷们的高兴劲儿就别提了。

(3) 别提了,今天算是倒霉透了。

(四) 连连

副词"连连"是"连"的重叠。表示不停地,连续地。在句中用在动词前面作状语。动词后面不能跟数量词语。例如:

(1) 看到他们一脸的真诚,不像是跟我开玩笑,就连连表示感谢。

(2) 我问他这样行不行,他连连点头表示同意。

(3) 老师连连称赞他做得对。

(五) 深

形容词"深"表示从上到下或从外到里的距离大。可以重叠使用。在句中作状语。

(1) 临别时,我向小范深深地鞠了一躬,并和他紧紧拥抱。

   注意:**不能说**:临别时,我向小范深地鞠了一躬,并和他紧紧拥抱。

(2) 她的形象已经深深(地)印到了我的脑海里。

(3) 他的话深深地打动了我。

"深"还是个副词。在句中也可以作状语。

(1) 不学汉字会给今后的学习带了很大麻烦,这一点,我深有体会。

(2) 对你们的热情照顾,我们深表感谢。

三 练习 Liànxí Exercises

（一）语音 Speech sound

1. 听一听，说一说，体会每组发音的不同

Listen and practice, and distinguish the differences

经历 jīnglì 　　回程 huíchéng
经理 jīnglǐ 　　灰尘 huīchén

半天 bàntiān 　　一时 yìshí
搬迁 bānqiān 　　遗失 yíshī

连连 liánlián 　　修改 xiūgǎi
练练 liànliàn 　　修盖 xiūgài

2. 诗词朗读　Read aloud the following poem

山行
Shānxíng

（唐）杜 牧
（Táng）Dù Mù

远　上　寒　山　石　径　斜，白　云　生　处　有　人　家。
Yuǎn shàng hān shān shí jìng xiá, báiyún shēng chù yǒu rénjiā.

停　车　坐　爱　枫　林　晚，霜　叶　红　于　二　月　花。
Tíng chē zuò ài fēnglín wǎn, shuāngyè hóng yú èryuè huā.

（二）朗读下列词语　Read aloud the following words and phrases

难忘的经历　难忘的一天　难忘的人　难忘的一件事

回程机票　回程车票　回程船票

看了半天　等了半天　想了半天　找了半天

一脸真诚　一片真诚　非常真诚

连连表示感谢　连连点头　连连称赞　连连欢呼

想开点儿　想不开　想得开　想开了

深深地鞠了一躬　深深地感动　深深地打动　深深表示感谢

(三) 选词填空并熟读下列句子

Choose the right words to fill in the blanks then read aloud the following sentences

> 身无分文　半天　想开点儿　临别　紧紧
> 身份　别提了　深深　难忘　连连

1. 这是我终生_____的一件事。
2. 钥匙不知道放哪儿了，找了_____也没找着。
3. 钱包丢了，我当时_____，心情别提有多糟了。
4. 你_____，提起这件事就让人生气。
5. 他这次是以代表团翻译的_____来中国的。
6. 听他这么一说，大家_____点头表示赞成。
7. 遇到这种事就得_____，千万不要让它影响自己的学习。
8. 他刚才的话_____地打动了我的心。
9. 看到他从机场出来，我立刻跑上前去，和他_____地拥抱在一起。
10. _____时，爸爸妈妈一再嘱咐我，一定要注意身体，经常给家里来电话。

(四) 完成句子　**Complete the following sentences**

1. 这个人我好像在哪里见过，但_____。　　(一时)

2. ＿＿＿＿＿＿＿＿＿＿＿＿＿＿，老师都是最可信任的。　　　　　（无论）

3. ＿＿＿＿＿＿＿＿＿＿＿＿＿＿，他从来没有缺过课。　　　　　（无论）

4. 你怎么现在才来，＿＿＿＿＿＿＿＿＿＿＿＿。　　　　　　　　（半天）

5. 他能这样做，使＿＿＿＿＿＿＿＿＿＿＿＿。　　　　　　　　　（深深）

6. 他把自己的想法一说，＿＿＿＿＿＿＿＿＿＿＿＿。　　　　　　（连连）

（五）回答问题 Answer the following questions

1. 来中国后，令你难忘的经历是什么？
   ＿＿＿＿＿＿＿＿＿＿＿＿＿＿＿＿＿＿＿＿＿＿＿＿＿＿＿＿。

2. 什么时候脑袋会"嗡"的一下儿？遇到这种情况时应该怎么办？
   ＿＿＿＿＿＿＿＿＿＿＿＿＿＿＿＿＿＿＿＿＿＿＿＿＿＿＿＿。

3. 你遇到过"不知道该怎么办"的时候吗？什么情况？
   ＿＿＿＿＿＿＿＿＿＿＿＿＿＿＿＿＿＿＿＿＿＿＿＿＿＿＿＿。

4. 又冷又饿的时候，心情怎么样？
   ＿＿＿＿＿＿＿＿＿＿＿＿＿＿＿＿＿＿＿＿＿＿＿＿＿＿＿＿。

5. 人什么时候会感到"很无助"？这时候应该怎么办？
   ＿＿＿＿＿＿＿＿＿＿＿＿＿＿＿＿＿＿＿＿＿＿＿＿＿＿＿＿。

6. 什么情况下会向人"深深地鞠躬"？什么时候会跟他/她紧紧拥抱？
   ＿＿＿＿＿＿＿＿＿＿＿＿＿＿＿＿＿＿＿＿＿＿＿＿＿＿＿＿。

（六）说出下列句子的使用语境（要求脱离课文，自己设置）

Describe the situations of the following sentences

1. 因为当时很无助，加上又冷又饿，心情别提多糟糕了。

2. 有这样的好事？

3. 你得想开点儿。

课文二：短文 Duǎnwén Text

一、朗读 Read aloud

特别的考试

　　王老板在商场上春风得意，可教育自己的儿子却非常失败。他的儿子王小毛在学校里是天不怕地不怕的捣蛋鬼，十分厌学，门门功课都不及格。这天，王老板找到我，请我当他儿子的家庭教师。我说：我怎么干得了呢？王老板说："听说你上课时让学生自由发言，课堂气氛非常活跃，还听说你常到一些无人敢去的地方旅游。可见你不一般。我儿子一定服你，喜欢让你教他。"我说，那我就试试吧。我向王老板了解了王小毛的一些性格爱好等情况后，决定针对他进行一次特别的考试。

　　第一次和王小毛见面，我故意没刮胡子，穿着露膝盖的牛仔裤，脚上穿着一双旧拖鞋。可能我这副很"酷"的形象让这位以叛逆自居的少年产生了共鸣吧，当我拿出一份卷子要考他时，他竟然没有反对。

　　他问："考多少分才能达到你老人家的要求啊？"
　　"零分"，我答。
　　他以为自己听错了，又问："多少？"

"零分",我重复道。

"好,考一百分我没能力,考零分我还是有把握的。咱们说好了的,如果这张卷子我考了零分,你就自动辞职,可不许后悔的。"

我回答:"决不后悔,决不!"

第一题,《静夜思》的作者是谁?

　　　　A.李白　　　B.杜甫　　　C.白居易

王小毛说:"三岁小孩都知道是李白,可我就不选他。"他选的是B。

第二题,中国的首都是:

　　　　A.南京　　　B.北京　　　C.天津

王小毛一乐,故意不选B,而选了A。

在做第三题时,王小毛犯愁了,辛亥革命是哪一年爆发的?

　　　　A.1901年　　B.1911年　　C.1922年

他犹犹豫豫地选了B,看来他考零分的愿望实现不了了,因为辛亥革命确实是1911年。

王小毛拿着自己考了30分的试卷,一脸的不服气,问我:"下次考试我可以看书吗?"

我说:"当然可以,不过卷子肯定要比现在这一份难,你有考零分的信心吗?"

"有!"

第一天家教顺利结束。我觉得王小毛已经进了我设的圈套了——他故意选择错的,那他就必须知道哪个是对的。

以后的日子里,王小毛对我给他安排的每一场考试都非常认真,翻阅各种图书,结果,还真让他考了一个零分,不过,他对学习的兴趣却越来越浓了。

暑假过去了,我辞去所有的家教返回学校。后来我接到了王老板的电话，他说他的儿子和以前相比，学习上有了可喜的进步，直夸我方法高明。我说，你的儿子与别人的孩子不同，我只不过是"对症下药，因材施教"而已。

(根据《特别的考试》改写，作者：宋彦春)

二、生词 New words

1. 鬼	（名）	guǐ		one with bad habits or behaviour
2. 厌学	（动）	yànxué		be weary of learn
3. 服	（动）	fú		obey; submit (someone to); be convinced
4. 拖鞋	（名）	tuōxié		slipper
5. 酷	（形）	kù		cool
6. 叛逆	（名）	pànnì		rebel; defiant person
7. 自居	（动）	zìjū		consider oneself to be; call oneself
8. 共鸣	（动）	gòngmíng		sympathetic response
9. 犯愁		fàn chóu		worry
10. 爆发	（动）	bàofā		break out
11. 服气	（动）	fúqì		be convinced
12. 设套		shè tào		set a trap
13. 对症下药		duì zhèng xià yào		suit the medicine to the illness
14. 因材施教		yīn cái shī jiào		teach (a student) according

15. 而已	（助）	éryǐ	to his (or her) aptitude, disposition, interest, etc. nothing more; nothing but

● 专 名 ●　　Proper nouns

辛亥革命　　Xīnhài Gémìng　　Revolution of 1911

三、回答问题　Answer the following questions

1. 王老板为什么要请"我"做家教？

2. 王小毛是个什么样的学生？

3. 第一次见面，"我"是怎么打扮的？

4. "我"给王小毛出了一些什么考题？

5. "我"为什么要求王小毛考零分？

6. 王老板为什么表扬"我"？

四、复述　Repeat this text

摁门铃①

一位老先生正在沿着街散步。看见一个小男孩正踮着脚②够一个门铃。但门铃太高,小男孩怎么也够不着,心地善良的老先生停下来对小孩子说:"我来帮你摁吧。"于是他使劲按了几下,大概整个房子里的人都听到了铃声。

这时,小男孩却对老先生说:"老头儿,咱们快点跑吧。"

注释:

① 摁门铃 èn ménlíng: press the doorbell
② 踮脚 diǎn jiǎo: stand on tiptoe

第五课　最好顺其自然

课文一：会话　Huìhuà　Dialogue

最好顺其自然

（两个好朋友在聊天）

A：昨天和你一起打网球的那个小伙子叫什么名字？

B：叫蓝天。

A：蓝天？这个名字挺特别的，好记。他是哪国人？

B：美国人。不过他妈妈是美籍华人。

A：你是不是喜欢上他了？

B：哪儿啊，你可别瞎说，我们只是一般同学。

A：他可是个帅哥。

B：是很帅。我发现混血儿都长得很漂亮。

A：你要对他有意就赶快向他表白。再扭扭捏捏的，就被别的女孩子抢走了。

B：人又不是东西，怎么能谁想抢走就抢走啊。

A：先下手为强啊，这个道理你懂不懂？咱们这儿，好男生不多，你不采取主动，让别人捷足先登，你后悔就来不及了。

B：这种事怎么能由女孩子采取主动呢？再说，我现在还不打算考虑这个问题。我想最好是随缘，顺其自然。万一我采取主动，人家心里根本没有我，那才叫自作多情呢。

A：你到底喜不喜欢他？

B：说不上喜欢，但也不能说不喜欢。我不是说了吗，就是一般同学。

A：这么说，你们根本还没有来电呢？

B：可以这么说吧。

A：真是淑女。不过，像你长得这么漂亮，也不愁嫁不出去，不像我。

B：你怎么了？多少男孩子追你啊，你还不满足？

A：那倒不假，不过没有一个我看得上的，都是些奶油小生。有学问的没人品，有人品的没学问。

B：那你想要什么样的？

A：说心里话，我也想找个帅哥。标准嘛，身高在一米八以上的，年龄要比我大的，起码应该比我大五岁以上，学历比我高，最低也得是个硕士。既要有人品，还要有学问，你说这样的到哪儿去找啊？

B：人才市场啊。

A：去你的！

（B 的手机响了）

A：谁呀？

B：蓝天。

A：啊！来电了！哈！哈！哈！

一 生词 Shēngcí New words

1. 最好	(副)	zuìhǎo	had better; it would be best
2. 顺其自然		shùn qí zìrán	let things run their course
3. 美籍华人		Měijí huárén	Chinese American
4. 瞎说	(动)	xiāshuō	talk nonsense
5. 帅哥	(名)	shuàigē	handsome young man
6. 混血儿	(名)	hùnxuè'ér	person of mixed blood
7. 有意	(动)	yǒuyì	take a fancy to someone
8. 表白	(动)	biǎobái	explain oneself
9. 扭扭捏捏		niǔniuniēniē	affectedly bashful
10. 抢	(动)	qiǎng	snatch; grab
11. 先下手为强		xiān xià shǒu wéi qiáng	he who strikes first gains the advantage
12. 采取	(动)	cǎiqǔ	adopt (a certain policy, measure, way, etc.)
13. 捷足先登		jié zú xiān dēng	the swift-footed arrive first

14. 随缘	（动）	suíyuán	comply with affinity
15. 自作多情		zì zuò duōqíng	proffer a love or affection which is not reciprocated
16. 说不上		shuō bu shàng	not worth mentioning because of unconvincing or unreliable reasons
17. 来电	（动）	láidiàn	incoming telegram or telephone —be in love
18. 淑女	（名）	shūnǚ	fair maiden
19. 愁	（动）	chóu	be worried
20. 追	（动）	zhuī	court（a woman）
21. 满足	（动）	mǎnzú	satisfied；satisfy
22. 奶油小生	（名）	nǎiyóu xiǎoshēng	effeminate young male
23. 学问	（名）	xuéwen	knowledge；learning；有学问：be learned
24. 以上	（名）	yǐshàng	more than；over

二 注释 Zhùshì Notes

(一) 最好

副词"最好"表示最为适当。多用于劝告和建议。例如:
(1) 我想最好是随缘,顺其自然。
(2) 明天你最好早点来。
(3) 我们最好坐火车,这样可以看看铁路两边的风景。

(二) 上

"上"是个趋向动词,用在动词后面做结果补语,表示动作开始并且继续。例如:
(1) 你是不是喜欢上他了?
(2) 我爱上了一个好姑娘。
(3) 你如果看上了他,就向他表白。

"上"用在动词后面作结果补语,表示动作有了结果或达到目的。例如:
(1) 在我们国家也能吃上中餐,不过味道跟中国的不太一样。
(2) 弟弟今年考上了大学。
(3) 对不起,昨天我把手机关上了,忘记打开了。

(三) 先下手为强

he who strikes first prevails

谚语"先下手为强"表示在竞争中,先行动的能成为强者。"下手"

的意思是行动，做，干。常与"后下手遭殃（hòu xià shǒu zāo yāng He who strikes late fails）"连用。"后下手遭殃"表示行动迟缓的就可能被动或失败。

(四) 说不上

"说不上"有两个意思：

A. 表示因为不了解，认识不清而不能具体地说出来。例如：
（1）说不上喜欢，但也不能说不喜欢。
（2）说不上为什么，他最近老躲着我。
（3）我现在还真说不上将来要做什么。

B. 表示不成理由或不够标准而无须说或不值得说。例如：
（1）我只是比较喜欢看足球，还说不上是球迷。
（2）他画儿画得是不错，但要说是画家，还说不上。
（3）这所大学在中国还说不上是名牌大学。

(五) 来电

动词"来电"原来的意思是来电话或来电报的意思。后来引申为男女双方彼此产生恋情。

(六) 看得上

"看得上"就是能喜欢上或能爱上。"看不上"就是不喜欢，不爱，宾语（对象）可以是人，也可以是物。例如：

(1) 那倒不假，不过没有一个我看得上的，都是些奶油小生。

(2) 我看上了一个新款式的手机。

(3) 别人给他推荐的那几幅画他都看不上。

（七）以上

名词"以上"表示位置次序或数目等比某一点高或在前。反义词是"以下"。例如：

(1) 身高一米八以上的，年龄要比我大的，起码应该比我大五岁以上……

(2) 我这次只要能考80分以上就满足了。

(3) 我看王老师的年龄起码在五十岁以上。

（八）去你的

"去你的"表示轻微的不满、不同意。常用于朋友之间。

 练习 Liànxí Exercises

（一）语音 Speech sound

1. 听一听，说一说，体会每组发音的不同

Listen and practice, and distinguish the differences

| 有意 yǒuyì
| 犹豫 yóuyù

| 随缘 suíyuán
| 遂愿 suì yuàn

| 来电 láidiàn
| 来点儿 láidiǎnr

| 满足 mǎnzú
| 慢速 mànsù

学问　xuéwen		以上　yǐshàng
学文　xué wén		衣裳　yīshang

2. 诗词朗读　Read aloud the following poem

> **题　都城　南庄**
> Tí　Dūchéng　Nánzhuāng
>
> （唐）　崔　护
> (Táng)　Cuī　Hù
>
> 去年　今日　此门　中，人面　桃花　相　映　红。
> Qùnián　jīnrì　cǐ mén zhōng, rénmiàn　táohuā　xiāng yìng hóng.
>
> 人面　不知何处去，桃花　依旧　笑　春风。
> Rénmiàn　bù zhī hé chù qù, táohuā　yījiù　xiào　chūnfēng.

（二）朗读下列词语　Read aloud the following words and phrases

别瞎说	净瞎说	真是瞎说	
先下手为强	后下手遭殃		
采取行动	采取主动	采取措施	
顺其自然	自作多情	捷足先登	
说不上喜欢	说不上好看	说不上为什么	
不满足	不太满足	非常满足	
二十岁以上	六十分以上	一米八以上	一千元以上

（三）选词填空并熟读下列句子
Choose the right words to fill in the blanks then read aloud the following sentences

> 先下手为强　说不上　瞎说　自作多情　看不上
> 顺其自然　表白　扭扭捏捏　满足　以上

1. 你可不要_____，我们只是一般朋友。
2. 你如果对她有意，不妨当面向她_____。
3. 大方点儿，不要_____的。
4. 看准了机会就要赶快行动，俗话说，_____，后下手遭殃。
5. 他完全是_____，其实人家姑娘已经有男朋友了。
6. 强扭的瓜不甜，这事还是_____比较好。
7. 我现在对她还_____是什么感觉。不能说喜欢，也不能说不喜欢。
8. 他是迷上她了，只要每天见她一面就感到非常_____。
9. 别看他的学历挺高，人也长得不错，可我还真_____他那样的。
10. 我要找对象啊，起码要找比我大五岁_____的。

（四）完成句子　Complete the following sentences

1. 我帮你挑了一件，不知道你_____？　　（动词＋上）
2. _____，他最近老不来上课。　　（说不上）
3. 你要不快点儿，_____。　　（来不及）
4. 我现在还不能肯定地告诉你，_____。　　（万一）
5. 这件事_____，要是她知道了肯定很难过。　　（最好）
6. 我看你脸色不太好，是不是有什么病？_____。　　（最好）

（五）回答问题 Answer the following questions

1. 中国人的名字好记吗？请你说出五个中国名人的名字，并简单介绍一下。
   _____。

2. 你认为什么事情应该"采取主动"？什么事情不应该采取主动？
   _____。

3. 你同意"随缘，顺其自然"的想法和做法吗？为什么？
   _____。

4. 什么情况说"我们只是一般同学"？这个句子的"言外之义"是什么？
   _____。

5. 你是怎么理解"人品"的？你喜欢什么样的人品？
   _____。

6. 你找对象的标准是什么？
   _____。

（六）说出下列句子的使用语境（要求脱离课文，自己设置）
Describe the situations of the following sentences

1. 先下手为强啊，这个道理你懂不懂？

2. 你可别瞎说。

3. 去你的！

课文二：短文 Duǎnwén Text

一、朗读 Read aloud

分手的理由

女孩儿就要嫁给一位外国小伙子了。他们相约来到杭州千岛湖旅游。女孩儿买了一把铜锁，让工匠在上面刻上她和未婚夫的名字：小丽、杰克。杰克在一旁微笑着看着他的未婚妻。

字很快就刻好了，女孩儿把锁挂在栏杆上。杰克不解其意，问女孩儿为什么不把锁带走，而是挂在这里。

女孩儿说："这叫同心锁，意味着我们从此以后再也不能分开了，就像被锁锁住一样。"

杰克听了大惑不解。回到城里，杰克一直闷闷不乐。

终于，杰克提了这样一个问题："为什么两个人要锁在一起？"

女孩儿说："因为爱呀！"

杰克问："难道爱就可以限制自由吗？"

女孩儿笑了："你不懂，这是中国的传统文化，也是一种美好的祝福。"

杰克说："限制自由也是一种祝福？"

一个多月后，也就是在他们即将举行婚礼的前一个星期，这位外国小伙子决定暂缓举行婚礼。

女孩儿问他为什么，难道你不爱我了吗？

杰克说："我仍然爱你，但是我不能接受这样的约定。真是太可怕了，我的一生从此将要和你锁在一起，两个人的一生怎么可以从此锁定呢？"

小伙子的话让姑娘也感到可怕："天哪，幸亏你早说出来了，原来你根本没有打算爱我一辈子。"就这样，他们友好地分手了。

爱情不就是希望永远在一起吗？永远在一起竟然成为分手的理由，这到底是谁错了？

(作者：陆勇强，选自《家庭导报》，有改动)

二、生词　New words

1. 理由	（名）	lǐyóu	reason
2. 工匠	（名）	gōngjiàng	craftsman
3. 不解	（动）	bùjiě	not understand
4. 同心	（形）	tóngxīn	of one heart
5. 大惑不解		dà huò bù jiě	be extremely puzzled
6. 闷闷不乐		mènmèn bú lè	depressed
7. 限制	（动）	xiànzhì	place (or impose) restrictions on
8. 自由	（形）	zìyóu	free
9. 祝福	（动）	zhùfú	bless
10. 暂缓	（动）	zànhuǎn	postpone; put off; defer
11. 幸亏	（副）	xìngkuī	fortunately; luckily

专 名　　　　　　　　　　　　　　Proper nouns

1. 杭州　　　Hángzhōu　　　Hangzhou(in Zhejiang province)
2. 千岛湖　　Qiāndǎo Hú　　Qiandao lake

三、回答问题　Answer the following questions

1. 女孩儿和自己的男朋友到什么地方去旅游了？

2. 女孩儿买了一个什么东西？

3. 女孩儿把锁锁在了什么地方？

4. 女孩儿为什么要把锁锁在栏杆上？

5. 她的这个外国男朋友为什么不理解？

6. 他们为什么分手了？

四、复述　Repeat this text

丧　假①

　　男职员向女经理请假。男职员："经理，我想请个事假。"

　　"你要干什么？"

　　"我今天得去向我女友求婚。"

　　"难道你没听说婚姻是爱情的坟墓②吗？"女经理说。

　　男职员想了想，说："那我把事假改成丧假吧！"

注释：

① 丧假 sāngjià：leave of absence to handle affairs associated with a funeral
② 坟墓 fénmù：tomb

第六课　遇到突发事件怎么办？

课文一：会话　Huìhuà　Dialogue

（一）遇到突发事件怎么办？

（留学生A跟中国同学B在聊天）

A：请教你一个问题。

B：不用客气，只要我知道的一定告诉你。

A：要是遇到突发事件怎么办呢？

B：什么突发事件？

A：比如说，一次，我在一个市场买东西的时候被小偷儿偷了，当时我明明亲眼看见他偷走了我的钱包，很着急，可就是不知道怎么办。

B：你应该喊啊！"抓小偷儿！抓小偷儿啊！""小偷儿把我的钱包偷走了！""抓住他，他偷我钱包了。"

A：那时候我的汉语不好，也不知道该说什么，只是干着急。

B：还真耽误事。对了，要是你单独遇到这种情况的话，最好打110报警，警察会来帮助你的。因为这些坏蛋可能还是强盗，你喊的话，说不定他会给你一刀。

A：真的吗？可问题是我的汉语不好，打了110也不知道该怎么说。

B：那倒是。看来，重要的还是先把汉语学好。

A：谁说不是呢。我再问你，要是你不小心掉进河里去了呢？

B：没关系，我会游泳。

A：要是你不会游泳呢？

B：那就得赶快喊："救命啊！救命啊！"

A：要是看见别人掉进河里了呢？

B：你赶快去救他呀！

A：我不会游泳。

B：那就赶快喊："快来人啊！快救人啊！有人掉到河里了！"

A：我知道了。再看见有人掉到河里，我就这么喊。

（二）我们楼突然着火了

（两个留学生在交谈）

A：昨天晚上可把我吓坏了。

B：怎么了？

A：我们楼里突然失火了。

B：怎么回事？

A：是一个同学点着蜡烛在听音乐，中间他要上厕所，忘了吹灭蜡烛。关门的时候，桌子上的一张纸被风吹到了蜡烛上，一下子就着了。

B：后来呢？

A：他还算清醒，上完厕所回来，看到自己宿舍满屋子往外冒烟，开开门一看，发现着火了，忙跑到楼道里大声喊起来，"着火了！""着火了！""快来救火呀！"把大家都惊动了。大伙儿急忙从宿舍里跑出来，有的泼水，有的进去扑救。好在火不算大，大家七手八脚地，一会儿就扑灭了。现在想起来，还有点儿后怕，要是火真着起来，可就糟了。

B：要是真遇到火灾，就得赶快拨打火警电话119，请求消防队来灭火。

A：当时大家都很着急，也没有人想起打火警电话。对了，听说你不在学校住，是吗？

B：是，我在外边租的房子，住在一个中国人家里。

A：安全吗？感觉怎么样？

B：挺好的。房东老两口儿都是退休教师，儿女都在国外，我租了他们一个房间，两位老人对我非常好。不但十分安全，而且我感觉像在自己家里一样。

A：是吗？下学期我也想到外边租房子住。如果能跟中国人一起住更好，可以有更多机会练习说汉语。

B：我就是为了尽快提高听说水平，才决定搬到中国人家里去住的。

 生词　Shēngcí　New words

1. 突发	（形）	tūfā	occur suddenly
2. 干着急		gān zháojí	be anxious but unable to do anything; also 干急
3. 报警		bào jǐng	report (an incident) to the police
4. 坏蛋	（名）	huàidàn	bad person
5. 强盗	（名）	qiángdào	robber

6. 救命		jiù mìng	save sb.'s life; help! help!
7. 喊	(动)	hǎn	shout; cry out
8. 失火		shī huǒ	catch fire; be on fire
9. 清醒	(形)	qīngxǐng	clear headed; keep a level head
10. 冒烟		mào yān	belch smoke
11. 着火		zháo huǒ	catch fire; be on fire
12. 楼道	(名)	lóudào	corridor
13. 救火		jiù huǒ	fight a fire; try to put out a fire
14. 惊动	(动)	jīngdòng	alarm; disturb
15. 泼水		pō shuǐ	sprinkle; splash water
16. 扑救	(动)	pūjiù	put out a fire to save life and property
17. 好在	(副)	hǎozài	fortunately; luckily
18. 扑灭		pūmiè	stamp out; put out (a fire)
19. 后怕	(动)	hòupà	fear after an event
20. 火灾	(名)	huǒzāi	fire disaster
21. 拨打	(动)	bōdǎ	make (a phone call)
22. 火警	(名)	huǒjǐng	fire alarm
23. 消防队	(名)	xiāofángduì	fire brigade
24. 灭火		miè huǒ	put out a fire
25. 房东	(名)	fángdōng	owner or lessor of a house or room

26. 老两口儿	（名）	lǎoliǎngkǒur	old husband and wife
27. 退休	（动）	tuìxiū	retire
28. 尽快	（副）	jǐnkuài	as quickly（soon or early）as possible

二 注释 Zhùshì Notes

（一）只是

　　副词"只是"表示限定。强调限于某个情况或限定在某个范围。有"仅仅是，不过是"的意思。例如：

（1）那时我的汉语不好，也不知道该说什么，只是干着急。

（2）我问她半天，她也不说话，只是哭。

（3）我现在只是觉得读写比较困难，听说没有什么问题。

（4）我只是咳嗽，不发烧。

（5）我只是问问，不打算买。

（二）对了

　　"对了"是插入语，用于口语，表示说话人正在说某事时，突然想起另一件事，有转换话题、提醒对方的作用。例如：

(1) 当时大家都很着急，也没有人想起打火警电话。对了，听说你不在学校住，是吗？

(2) 我今天得去一下书店。对了，你昨天那本《近义词用法词典》是在哪儿买的？

(3) 明天又是星期六了。对了，你说的那个公园怎么去？

(三) "忽然"与"突然"

"忽然"是副词，"突然"是形容词。二者都可以作状语，但"突然"比"忽然"更显得情况发生得迅速和出人意料。"突然"可以作定语和补语，"忽然"没有这种用法。

(1) 昨天晚上，我们楼里突然失火了。

也可以说：昨天晚上我们楼里忽然失火了。

(2) 我们玩得正高兴的时候，突然下起雨来了。

也可以说：我们玩得正高兴的时候，忽然下起雨来了。

(3) 这件事发生得很突然，大家都没有想到。

不能说：这件事发生得很忽然，大家都没有想到。

(4) 他这次病得太突然了。

不能说：他这次病得太忽然了。

(四) 好在

副词"好在"表示具有某种有利的条件或情况。多用在主语前面。含有庆幸的意味。例如：

(1) 好在火不算大，大家七手八脚地，一会儿就扑灭了。

(2) 好在事情并不多，所以我一个人就可以了。

(3) 好在我们带着伞呢，否则就得淋成个落汤鸡。

(五) 尽快

副词"尽快"的意思是尽量加快。在句中作状语。

(1) 我就是为了尽快提高听说水平，才决定搬到中国人家里去住的。

(2) 请你们尽快把这次参加语言实践的报告交给老师，老师好给你们改。

(3) 请尽快把邀请信寄来，我好办签证。

三 练习 Liànxí Exercises

(一) 语音 Speech sound

1. 听一听，说一说，体会每组发音的不同

Listen and practice, and distinguish the differences

 报警　bào jǐng
保证　bǎozhèng

 救命　jiù mìng
旧名　jiùmíng

失火　shī huǒ
识货　shí huò

炉子　lúzi
路子　lùzi

清醒　qīngxǐng
庆幸　qìngxìng

救火　jiù huǒ
救活　jiùhuó

2. 诗词朗读　Read aloud the following poem

观 书 有 感
Guān Shū Yǒu Gǎn

（宋）朱 熹
(Sòng) Zhū Xī

半亩方塘一鉴开，天光云影共徘徊。
Bàn mǔ fāng táng yí jiàn kāi, tiān guāng yún yǐng gòng páihuái.

问渠哪得清如许，为有源头活水来。
Wèn qú nǎ dé qīng rú xǔ, wèi yǒu yuántóu huó shuǐ lái.

（二）朗读下列词语　Read aloud the following words and phrases

救命	救了一命	大夫救了他一命
失火了	楼里失火了	失过一次火
很清醒	要清醒	保持头脑清醒
泼水	往火里泼水	泼了一身水
感到后怕	有点儿后怕	想起来还有些后怕
拨打110（报警电话）		拨打119（火警电话）
拨打120（急救电话）		

（三）选词填空并熟读下列句子　Choose the right words to fill in the blanks then read aloud the following sentences

只是　尽快　干着急　好在　退休
强盗　惊动　失火　后怕　消防队

A

1. 因为天气不好，飞机起飞不了，旅客们毫无办法，只能_____。

2. 要是遇到小偷儿和_____，就拨打110电话报警，警察会在很短的时间赶来帮助你。

3. 昨天我们学校食堂_____了，把我们都吓坏了，好在消防队来得及时，很快就把火扑灭了。

4. 这件事虽然过去了，但是想起来就觉得有点儿_____。

5. 虽然家里的东西烧坏了不少，_____没有伤着人。

6. 他在楼道里大声喊叫，把大家都_____了，都跑出来看是怎么回事。

7. 她爸爸是有名的中医大夫，虽然已经_____了，但是每天仍然很忙。

8. 我希望能_____提高自己的汉语听说能力，所以，想搬到中国人家里去住。

9. 他们这次见面_____谈了谈，没有签定任何合同。

10. 要是发生火灾，要赶快拨打119，请_____来灭火。

B

1. 情况来得太_____，我们谁也没有想到。　　　（突然　忽然）

2. 听到这个消息，我感到非常_____。　　　（突然　忽然）

（四）完成句子　Complete the following sentences

1. _____，一定要拨打110，请警察帮助你。　　（要是）

2. _____，下车时，一定记着要发票，万一有什么东西落在车上，很快就能找回来。　　（要是）

3. 我给他打了半天电话他都关机，_____。　　（说不定）

4. 我觉得在这里生活，不但安全，_____。　　（而且）

5. 学过的课文，_____，这样你很快就能说一口流利的汉语了。　（最好）

6. 我把钥匙忘在屋里了，同屋又没回来，当时我_____。　（只是）

（五）回答问题 Answer the following questions

1. 如果你亲眼看见小偷儿偷走了钱包，应该怎么办？
   _____。

2. 什么时候你会"干着急"？举个例子说明。
   _____。

3. 要是你不会游泳，不小心掉进河里去的时候，怎么办？看到别人掉到河里去了呢？
   _____。

4. 什么时候会说"真有点儿后怕"？讲讲让你感到"后怕"的事。
   _____。

5. 要是真的遇到火灾，应该怎么办？
   _____。

（六）说出下列句子的使用语境（要求脱离课文，自己设置）
Describe the situations of the following sentences

1. 可把我吓坏了。

2. 快来人啊！快来人啊！

3. 怎么回事？

课文二：短文 Duǎnwén Text

一、朗读 Read aloud

当灾难来临时

有一位名叫姚远的8岁女孩最近成为"中国骄傲"电视评选中年龄最小的获奖者。她之所以能成为大家心目中的英雄，在于2005年11月的一天，当她的父母因家中泄露的煤气中毒而不省人事时，她运用课堂上学到的知识，迅速关闭煤气开关，接着打开门窗，然后到室外用手机向110和120求救，最后成功地使父母化险为夷。

小姚远在出现危急情况时能够沉着镇静，从容面对，固然离不开她的勇敢和机智，但更是靠学校传授的防灾应急的知识。由此可见，危机教育是多么重要。

英国小女孩海蒂跟父母来到泰国著名的旅游胜地普吉岛。第二天，全家人和许多游客一样，兴致勃勃地在海上游玩。就在人们陶醉在美丽风景之中，尽情欢乐的时候，海蒂突然大声地喊道："海啸马上要来了，大家快跑呀！"

周围的游客没有一个人相信这个小姑娘的话，以为她在瞎胡闹，故意吓人。有人制止说："孩子，你快别乱喊乱叫了！你看现在风平浪静，哪里会有什么海啸啊？"

有人安慰道："小朋友，根本用不着担心，这里是天堂般的海湾，从来没有发生过海啸。"

然而海蒂全然不顾，仍然用尽全身的气力高声劝道："我不骗人。海啸就要发生了。大家赶快往高处跑，不然就来不及了。"

这时，海蒂的父母看着女儿脸上的严肃表情，认定女儿是认真的。他们一边跟着她往岸上跑，一边帮助呼喊。这时候，也有人发现海水颜色正在由蓝变深，从清变浊，于是紧随海蒂朝着高地跑去。

仅仅过了几分钟，大海便勃然大怒了。只见数十米高的滔天巨浪，一排排地向海滩狂奔过来。已经上岸的一百多人，因为匆匆爬到了高处而活了下来。那些没有听从海蒂忠告依然在海边游玩的人们，全部被波涛卷走了。

死里逃生的游客们激动万分。他们紧紧握住海蒂的小手，表示衷心的感谢。有的人迷惑不解地问道："小姑娘，你是怎么知道要发生海啸的？"

"上地理课的时候，老师在课堂上放了一段海啸的影片，我记住了其中的一些场面。"满脸稚气的小海蒂停顿了一下，继续说："刚才在海水里玩耍的时候，我突然发现海水冒起了泡沫，就像啤酒表面一样，立即意识到这就是发生海啸的征兆。"

科教影片中的几个镜头，成年人忽略的常识，被一个小学生牢牢记住。海蒂在海啸将到的关键时刻，运用学到的地理知识，不放过别人忽视的细节，很有主见地坚持发出警报，使一百多人躲过了灾难。她的事迹既让人感动，也给我们启迪。

（作者：李忠东，选自《城市快报》，有改动）

二、生词　New words

1. 评选	（动）	píngxuǎn	choose through appraisal
2. 泄露	（动）	xièlòu	(of a fluid or gas) leak; escape
3. 中毒		zhòng dú	be poisoned
4. 不省人事		bù xǐng rén shì	lose consciousness
5. 化险为夷		huà xiǎn wéi yí	turn danger into safety
6. 兴致勃勃		xìngzhì bóbó	full of zest; in high spirits
7. 海啸	（名）	hǎixiào	seaquake
8. 瞎胡闹		xiā húnào	shenanigans; run wild
9. 风平浪静		fēng píng làng jìng	wind has abated and the waves have stilled
10. 全然	（副）	quánrán	completely
11. 勃然大怒		bórán dà nù	fly into a rage
12. 滔天	（副）	tāotiān	(of waves) skyful
13. 死里逃生		sǐ lǐ táo shēng	escape by the skin of one's teeth
14. 征兆	（名）	zhēngzhào	sign; indication
15. 警报	（名）	jǐngbào	alarm; warning

专 名　　　　　　　　　　Proper nouns

1. 姚远　　Yáo Yuǎn　　name of a person

三、回答问题　Answer the following questions

1. 姚远是怎么让父母化险为夷的?

2. 她为什么能这么做?

3. 海蒂和父母一起在什么地方旅游?

4. 海蒂为什么突然大声喊了起来?

5. 游人为什么不相信海蒂的话?

6. 海蒂是怎么知道海啸要来的?

四、复述　Repeat this text

替换练习

"瞧你愁眉苦脸的,什么事啊?"

"老师要求写篇文章,题目是《星期日干什么了》。"

"那好说,你星期日干什么了呀?"

"喝酒呗。"

"你真傻,我告诉你,你这么写,凡是出现喝酒的字眼,你就把他替换成'读书'不就成了吗?"

作文写出来后是这样的:"我一早起来就读了半本书,我想了想,又把后半本也一口气读完了。可是我觉得还不够,于是又到店里去买了一本。回来时在路上遇到张三,一看他的眼睛,我就知道他也读得差不多了。"

第七课　不学不知道　汉语真奇妙

课文一：会话　Huìhuà　Dialogue

不学不知道　汉语真奇妙

（两个留学生在议论汉语词语的用法……）

A：我觉得汉语最难学的并不是语法，而是词语的用法。

B：对，实际上，学习任何一种语言，都是这样。再说，汉语的词汇又那么丰富，我最头疼的也是记生词，用词造句。

A：我也是。有的词用不同的语气读，意思竟然完全相反。比如，老师讲了这样一个句子，"我们班就有三个美国学生"，老师说，如果"就"字重读的话，这句话的意思是，我们班的美国学生很少。如果"我们班"重读，

"就"字轻读的话，这句话的意思是这个学校美国学生太多了。真让人不好理解。

B：对，有些常用词语，不管肯定还是否定，表达的意思竟是一样的，比如说，"今天我差点儿没迟到"和"今天我差点儿迟到"，意思都是没迟到。"今天的作业好容易才做完"和"今天的作业好不容易才做完"，都表示很不容易。而"这里的夜晚好热闹"和"这里的夜晚好不热闹"都是很热闹。"刚到一个新地方，难免迷路"和"刚到一个新地方，难免不迷路"，意思都是"可能迷路"。你说奇怪不奇怪？一会儿肯定句和否定句的意思都是否定，一会儿肯定句和否定句又都是肯定，真让人摸不着头脑。

A：再就是词的组成，也叫人难以理解。"吃饭"，"吃菜"还好说，可是"吃红牌"，"吃火锅"就让人糊涂。"打人"，"打球"还明白，"打电话"，"打的"就不好懂。"救人"，"救命"觉得有道理，"救火"，"救灾"就叫人想不通，"火"和"灾"为什么还要救呢？

B：还有些句子即使没有生词，也让人莫名其妙。要是老师不讲，你简直不明白是什么意思。今天阅读课文里有这样一个句子："这次国际女排邀请赛，中国队大败美国队",我理解的意思是:中国队输了,美国队赢了;老师却说,是美国队输了,中国队赢了。一个美国同学奇怪地问老师,如果说中国队大胜美国队,当然是中国队赢了;可是,中国队大败美国队,怎么还是中国队赢了?那么,什么时候美国队赢呢?汉语怎么这样?

A:哈,哈,汉语真是太奇妙了。

第七课　不学不知道　汉语真奇妙

一　生词　Shēngcí　New words

1.	奇妙	（形）	qímiào	wonderful
2.	议论	（动）	yìlùn	discuss
3.	词语	（名）	cíyǔ	word and phrase
4.	用法	（名）	yòngfǎ	use; usage
5.	丰富	（形）	fēngfù	rich
6.	竟然	（副）	jìngrán	unexpectedly
7.	相反	（形）	xiāngfǎn	contrary; opposite
8.	重读	（动）	zhòngdú	stress
9.	轻读	（动）	qīngdú	read in light tone
10.	常用	（动）	chángyòng	in common use
11.	肯定	（动、形）	kěndìng	positive; affirmative
12.	否定	（动、形）	fǒudìng	negate; negative
13.	差点儿	（副）	chàdiǎnr	almost; nearly
14.	好容易	（形）	hǎoróngyì	not at all easy (to accomplish sth.)
15.	好不	（副）	hǎobù	[used before some two-character

				adjectives to show high degree, with exclamatory force, same as "多么" duōme] very; quite; so
16.	难免	(形)	nánmiǎn	unavoidable
17.	想不通		xiǎng bu tōng	can not figure out; not convinced
18.	国际	(名)	guójì	international
19.	女排	(名)	nǚpái	women volleyball
20.	邀请赛	(名)	yāoqǐngsài	invitational tournament
	邀请	(动)	yāoqǐng	invite
21.	大败	(动)	dàbài	defeat utterly
22.	输	(动)	shū	lose; be defeated
23.	赢	(动)	yíng	win
24.	胜	(动)	shèng	succeed
25.	救灾		jiù zāi	provide disaster relief

(二) 注释 Zhùshì Notes

（一）差点儿

副词"差点儿"表示某种事情接近实现或勉强实现。如果是说话人不希望实现的事情，说"差点儿"或"差点儿没"都是指事情接近实现而没有实现。表示庆幸。例如：

(1) 今天我差点儿迟到。

也可以说：今天我差点儿没迟到。

（都表示没迟到）

(2) 路上太滑，我差点儿摔倒。

也可以说：路上太滑，我差点儿没摔倒。

（都表示没摔倒）

(3) 这场比赛我们队差点儿没输。

也可以说：这场比赛我们队差点儿输了。

（都表示没输）

如果是说话人希望实现的事情，"差点儿"是惋惜它未能实现，"差点儿没"是庆幸它终于勉强实现。例如：

(1) 昨天晚上我差点儿没赶上末班车。　　（赶上了）

　　昨天晚上我差点儿就赶上末班车了。（没赶上）

(2) 我去晚了，差点儿没买上票。　　　　（买上票了）

　　差点儿就买上票了，可惜我去晚了。（没买上票）

(3) 这次听力考试我差点儿没及格。　　　（及格了）

　　这次听力考试我差点儿就及格了。　　（没及格）

(二) 好不

副词"好不"与双音节形容词连用,表示程度深,多用于肯定,含有感叹语气,与"好、多么、很"意思相同。例如:

(1) 今天的作业好不容易才做完。

(2) 我好不容易才把屋子整理好,你又给我弄得乱七八糟的。
　　("好不容易"＝好容易＝不容易)

(3) 节日的广场人来人往,好不热闹。
　　(好不热闹＝好热闹＝很热闹)

(4) 他这么说让我好不伤心。(好不伤心＝好伤心＝很伤心)

(三) 难免

形容词"难免"表示不容易避免,多用在动词前面作状语,可以用在"是……的"中间。也可以用在主语前面。动词前加"不"时,意思不变,不表示否定。例如:

(1) 刚到一个新地方,难免迷路。

　　也可以说: 刚到一个新地方难免不迷路。

(2) 说外语谁都难免不出错。

　　也可以说: 说外语谁都难免出错。

(3) 你们是外国人,学汉语发错音,写错汉字是难免的。

(四) "打败"与"大败"

"打败"是动补词组,"大败"是状动词组。"打败"后面可以带"了"。"大败"后边不能带"了",但是可以带宾语。"大败"和"打败了"

如果带宾语，是"宾语"败了，如果不带宾语，是"主语"败了。"打败"可以用于陈述句，也可以用于祈使句。"大败"只能用于陈述句，不能用于祈使句。

打败：A 打败了 B ⟶ A 赢了

　　　这场比赛我们打败了红牛队。（我们赢了）

　　　A 打败了 ⟶ A 输了

　　　这场比赛我们打败了。　　（我们输了）

大败：A 大败 B ⟶ A 赢了，B 输了

　　　这场比赛我们大败红牛队。（我们赢了，红牛队输了）

　　　A 大败 ⟶ A 输了

　　　这场比赛我们大败。　　（我们输了）

(1) 昨晚的排球赛，飞马队 3 : 0 大败黑虎队。

　　也可以说：昨晚的排球赛，飞马队 3 : 0 打败了黑虎队。

(2) 我们一定要打败他们。

　　不能说：我们一定要大败他们。

(3) 这一场比赛红牛队大败。

　　不能说：这一场比赛红牛队打败。

　　可以说：这一场比赛红牛队打败了。

(4) 这次他们如果打败了，就没有进入决赛的机会了。

　　不能说：这次他们如果大败了，就没有进入决赛的机会了。

三 练习 Liànxí Exercises

（一）语音 Speech sound

1. 听一听，说一说，体会每组发音的不同
   Listen and practice, and distinguish the differences

   | 大败 | dàbài | | 议论 | yìlùn |
   | 打败 | dǎbài | | 舆论 | yúlùn |

   | 语气 | yǔqì | | 形式 | xíngshì |
   | 预期 | yùqī | | 幸事 | xìngshì |

   | 难免 | nánmiǎn | | 国际 | guójì |
   | 南面 | nánmiàn | | 国籍 | guójí |

2. 诗词朗读 Read aloud the following poem

   惠崇　春江　晚景
   Huìchóng Chūnjiāng Wǎnjǐng

   （宋）苏　轼
   (Sòng) Sū Shì

   竹外　桃花　三两枝，　春　江　水暖　鸭　先　知。
   Zhú wài táohuā sān liǎng zhī, chūn jiāng shuǐ nuǎn yā xiān zhī.

   蒌蒿　满　地　芦芽　短，　正　是　河豚　欲　上　时。
   Lóuhāo mǎn dì lúyá duǎn, zhèng shì hétún yù shàng shí.

（二）朗读下列词语　Read aloud the following words and phrases

议论一下　纷纷议论　都在议论

汉语真奇妙　语言真奇妙　大自然真奇妙

词语的用法　词语很丰富　有些词语不会用

常用词语　常用句子　常用动词　很常用

重读音节　重读词语　轻读音节　轻读词语

差点儿迟到　差点儿没迟到　差点儿摔倒　差点儿没摔倒

好不容易　好不高兴　好不热闹　好不难过

好容易才做完　好容易才买到　好容易才记住

难免出错　难免写错　难免说错　难免迷路　难免不迷路

（三）选词填空并熟读下列句子

Choose the right words to fill in the blanks then read aloud the following sentences

| 好容易 | 输 | 相反 | 词语 | 难免 | 差点儿 |
| 常用 | 想不通 | 语气 | 大败 | 奇妙 | 好不 |

A

1. 你去过云南吗，那里的自然风光太_____了。

2. 学习语言，最难的可能是_____的用法。

3. 汉语的_____词大约有五千多。

4. 学习任何语言，_____都是最难学的，同样的句子，说话的语气不同，表达的意思就不同。

5. 有些词语在句子中重读和轻读，意思正好_____。

6. 汉语有些常用词语，不管是肯定还是否定，意思竟是一样的，真让人_____。

7. 你要不说，我_____把这件事忘了。

8. 昨天我去书市了，书市上人来人往，_____热闹。

9. 我_____才把它修好，你又给弄坏了。
10. 一个人，谁也_____说错话做错事，所以你不必过分自责。
11. 这次全国女排邀请赛，我们省的女排2比3_____给了天津队。
12. 昨天晚上上海女足三比零_____对手，进入决赛。

B

1. 昨天晚上的足球你看了没有，白山队_____了。　　　　（大败　打败）
2. 这次我们要是再_____了，就没有进入决赛的机会了。（大败　打败）
3. 小虎队以98比72的比分_____红牛队。　　　　　　　（大败　打败）

（四）完成句子　Complete the following sentences

1. 我不小心把手机掉到了地上，_____。　　　（差点儿）
2. 今天早上刚进教室，上课铃就响了，我_____。　（差点儿）
3. 今年春节我们是在农村度过的，除夕夜放鞭炮放烟火，一直玩到天亮，_____。　　　　　　　　　　　　　　　　　（好不）
4. 今天的练习有点儿难，我_____。　　　　　（好容易）
5. 这次国际邀请赛的最后一场球，我们国家队_____。（大败）
6. 这人_____，我根本不认识他，可是每次见面他都对我笑。
　　　　　　　　　　　　　　　　　　　　　　　　　　（莫名其妙）
7. 谁都_____，知道错了，改了就行了。　　　（难免）
8. 你刚来，_____，过一段时间就好了。　　　　　（难免）
9. 你这个人真是马虎，出来旅行_____。　　　　　（竟然）
10. 这么重要的事情，他_____。　　　　　　　（竟然）

（五）回答问题　Answer the following questions

1. "我们班就有三个美国学生。"请问，如果"就"字重读，是什么意思？

_____。　　　　　（很　少　多）

2. "今天我差点儿没迟到"和"今天我差点儿迟到"意思一样吗？

_____。　　（一样　不太一样　不一样）

3. "今天的作业好容易才做完"，从这个句子里我们可以知道，今天的作业是多还是少？难还是容易？

_____。

4. "这次足球邀请赛，广东队大败上海队"，上海队赢了还是输了？

_____。

5. "你这么说让别人难免不误会。"这个句子是什么意思？

_____。　　　　（容易误会　不会误会）

6. 你遇到过让你"想不通"的事吗？什么事？

_____。

（六）说出下列句子的使用语境（要求脱离课文，自己设置）

Describe the situations of the following sentences

1. 真让人想不通！

2. 真是太奇妙了！

3. 这人简直莫名其妙！

课文二：短文 Duǎnwén Text

一、朗读 Read aloud

什么都"吃"

有人说，中国文化是"吃文化"，这个说法有道理吗？多少有那么一点道理吧！

一个作家在报上开了一个专栏，就叫"品味生活"，"品"是三张嘴，而且要嚼出味道，连"生活"也能吃，还有什么不能吃，不敢吃的呢？

中国人把生活里接触的人大体上分为两类，一类是生人，一类是熟人。

生人，因为不熟，所以我们往往"不吃他那一套"，他对我们也"软硬不吃"。

熟人，因为熟了，彼此什么话都好说。"熟人好办事"嘛。

所以中国人期待着相互成为熟人，"一回生，二回熟"。彼此都熟，那就不仅"好说"，而且相处"有味儿"。

传统的中国菜里很少有生鱼片之类的东西。中国人总把生的东西弄得烂熟才觉得好吃，一道菜如果"做生"了，那属于烹调中的败笔。

象棋比赛，赢了对方的棋子，中国人很少说："我赢了你一个。"一般总是说："我吃了他一个炮。""他吃了我一个马。""最后我把给他吃了。"

费力时，汉语说"吃力"；费力也没得到好处，说"吃力不讨好"。

受惊时，汉语说"吃惊"；厉害时叫"大吃一惊"。（注意：不说"吃了一大惊"。）

受损失时，汉语说"吃亏"；受大损失要说"吃了大亏。"

凭已有的功劳和本领过日子，汉语说"吃老本"。

喜欢让人表扬，爱听好话，汉语说"吃捧"。

自己的女/男朋友和另外的男人/女人在一起，你心里不是滋味，汉语说是"吃醋"。

当公务员，在国有单位工作，是"吃皇粮"。

一个人要是受领导或别人重视，汉语叫他很"吃香"，受别人冷落当然就是"不吃香"。

混得好，汉语称之为"吃得开"；混得不好自然就是"吃不开"。足球场上运动员犯规了，裁判掏出黄牌警告他或掏出红牌罚他下场，中国人说"吃了一张黄牌"或"吃了红牌"。

工作量不够或学习太容易，汉语说"吃不饱"。

对问题心中无数，说是"吃不准"。

工作任务重，学生作业多，说"吃不消"。

考试或竞赛得了零分，汉语说"吃了个大鸭蛋"。

被人告到了法庭，汉语说是"吃官司"。

女子长得漂亮，汉语说她"秀色可餐"。

有一技之长，生存能力强，汉语说是"一招鲜，吃遍天"。

吸取教训，亡羊补牢，汉语说是"吃一堑，长一智"。细想这话最怪了，"堑"怎么个吃法？

反对某人干某事，说人家是"吃饱了撑的"！

不同意别人干太多的事，说"别贪多嚼不烂"！

惊异于别人胆大，说是"吃了豹子胆"。

要报复别人时说"让你吃不了兜着走"！

劝告别人不要急于求成，说"一口吃不成个胖子"！

……

可见"吃"在汉语里真是趣味无穷，不知道你看了这篇小短文，吃得透吃不透"吃"的意思和用法。如果有时间，你不妨再好好"消化消化"。

（根据刘心武《什么都吃》改写）

二、生词　New words

1. 品味	(动)	pǐnwèi	taste; ponder
2. 嚼	(动)	jiáo	chew
3. 一回生，二回熟		yì huí shēng, èr huí shú	ill at ease the first time, at home the second
4. 烹调	(动)	pēngtiáo	cook dishes
5. 败笔	(名)	bàibǐ	badly written character in calligraphy
6. 象棋	(名)	xiàngqí	Chinese chess

7.	吃力不讨好	chī lì bù tǎo hǎo	work hard but get little thanks
8.	吃老本儿	chī lǎoběnr	live on the principal
9.	捧 （动）	pěng	flatter
10.	吃醋	chī cù	（usu. of a rival in affairs of the heart）be jealous
11.	公务员 （名）	gōngwùyuán	government office worker
12.	吃皇粮	chī huángliáng	live on imperial grains
13.	吃香	chī xiāng	popular
14.	吃得开	chī de kāi	workable；be popular
15.	吃不消	chī bu xiāo	be unable to stand or bear
16.	吃鸭蛋	chī yādàn	get no score in an exam or competition
17.	吃官司	chī guānsi	be brought to court；be sentenced to jail
18.	秀色可餐	xiùsè kě cān	be a feast to the eye（usu. said of a very attractive woman or beautiful scenery）
19.	一招鲜，吃遍天	yì zhāo xiān, chī biàn tiān	if a man attains proficiency in a particular line, he would have bread everywhere
20.	吃一堑，长一智	chī yí qiàn, zhǎng yí zhì	a fall into the pit, a gain in your wit

21. 吃饱了撑的	chī bǎo le chēng de	restless from overeating (said of sb. doing sth. or silly senseless)
22. 贪多嚼不烂	tān duō jiáo bú làn	to bite off more than one can chew
23. 吃了豹子胆	chīle bàozi dǎn	to eat panther liver—to be filled with courge
豹子 （名）	bàozi	leopard
24. 吃不了，兜着走	chī bu liǎo, dōu zhe zǒu	get more than one bargained for
25. 一口吃不成个胖子	yì kǒu chī bu chéng gè pàngzi	you can't get fat on one mouthful—you must keep at it
26. 吃得透	chī de tòu	have a thorough understanding of sth.

三、回答问题　Answer the following questions

1. 有人说，中国文化是"吃文化"，你认为有道理吗？

2. 为什么中国人期待着相互成为熟人？

3. 传统的中国菜中为什么没有生鱼片这样生吃的食品？

4. 短文中"吃"字的宾语有哪些？

5. "吃一堑，长一智"是什么意思？你有没有这方面的体会？

6. 什么叫"吃力不讨好"？你干过"吃力不讨好"的事吗？

四、复述　Repeat this text

"但是"与"却"

　　汉语教师让留学生用"但是"和"却"造句，并解释说，这两个词的意思差不多，都表示转折①。"却"是小转，像转了一个小弯儿②，"但是"是大转，像转个大弯儿。

　　有个学生很快就造出了一个句子：我从宿舍到教室只转几个"却"，而从教室去食堂要转一个"但是"。

注释：
① 转折 zhuǎnzhé：transition
② 弯儿 wānr：turn

第八课　中国人常说成语吗？

课文一：会话　Huìhuà　Dialogue

中国人常说成语吗？

（留学生安娜与中国同学田芳谈论汉语的成语）

安娜：今天学习的成语，"自相矛盾"、"塞翁失马"和"滥竽充数"都很有意思。田芳，汉语里有多少成语？

田芳：汉语的成语可多了，光这本《汉语成语大词典》就收了大概一万多个，不过常用的成语并没有那么多。

安娜：成语都是由四个字组成的吗？

田芳：不一定。不过大部分成语都是由四个字组成，结构固定，表达一个完整的意思，不能随便改动。

安娜：成语是怎么来的呢？

田芳：有的成语是从史书中来的，有的来自古代的诗词和

第八课　中国人常说成语吗？

文章。

安娜：那么，中国人说话都常用成语吗？

田芳：很多人喜欢用成语来表达自己的意思，不过，多数成语都用于书面。虽然成语只有几个字，但是含义却非常丰富，常用比喻、夸张的手法，表达一个深刻的道理。因此，如果写文章用上一些成语，文章就显得准确、鲜明、生动。要是说话用上成语，就显得谈吐文雅，有水平。

安娜：外国人学成语很难。上次我用成语"一见钟情"造了个句子，把老师和全班同学都逗笑了。

田芳：你造了个什么句子？

安娜：我说："今天早上我一见钟，情不自禁地大叫了一声，哎呀，不好，都八点了，今天又要迟到了。"

田芳：哈，哈，是很有意思。你把"一见钟情"拆开用了。成语一般是不能拆开用的。

安娜：老师也这么说。于是，我就说，"我对玛丽一见钟情。"老师说，你不能对玛丽一见钟情。因为玛丽也是女的。我又说，我对老师一见钟情。老师还说不对，我问为什么不对，老师可是男人啊。老师的脸一下子红了。他说"句子是没错，可是对象错了。"

田芳："一见钟情"的意思是一见面就爱上了对方，老师当然脸红。

安娜：还有一次，老师让我用"化为乌有"造句，我又出了个大笑话。

田芳：又出了什么笑话？

安娜：我说："足球比赛一结束，运动员和观众就很快化为乌有了。"结果同学们一听哄堂大笑。我当时还不明白大家为什么笑。后来老师一解释，我才明白，人要"化为乌有"的话，就是死了。所以我说，我们外国人学成语真的很难，一是不懂意思，二是即使弄懂了意思，也常常用错。

田芳：你说得对。其实，不少成语就是一个故事，知道了故事就容易理解这个成语的意思，再多练习练习就会用了。学会用成语，就能更好地表达自己的思想和感情，也能不断提高自己的读写水平。

安娜：虽然常常用错，但是，我真的很喜欢汉语的成语，那么丰富，那么有意思。

一 生词 Shēngcí *New words*

1. 自相矛盾　　　zì xiāng máodùn　　self-contradiction
   矛　　（名）　máo　　　　　　　spear
   盾　　（名）　dùn　　　　　　　shield
   矛盾　（动、形）máodùn　　　　　contradict; contradictory
2. 塞翁失马　　　sàiwēng shī mǎ　　(fig.) a bad thing may become a good thing under certain conditions.
3. 滥竽充数　　　làn yú chōng shù　(fig.) (of incompetent people or inferior goods) be there just to make up the number; mess up the number with sth. inferior
   滥　　（形）　làn　　　　　　　excessive
   竽　　（名）　yú　　　　　　　 yu, ancient wind instrument shaped like the modern sheng, but slightly bigger than it
   充数　　　　　chōng shù　　　　make up numbers by including incompetent or unqualified people or things

4. 收	（动）	shōu	collect
5. 结构	（名）	jiégòu	structure; composition
6. 固定	（动）	gùdìng	fixed
7. 完整	（形）	wánzhěng	complete; integrated
8. 改动	（动）	gǎidòng	modify; change
9. 史书	（名）	shǐshū	history book
10. 诗词	（名）	shīcí	poems and Ci
11. 书面	（名）	shūmiàn	written language
12. 含义	（名）	hányì	(of words, sentences, etc.) meaning; implication
13. 夸张	（形）	kuāzhāng	exaggerate
14. 手法	（名）	shǒufǎ	skill; technique
15. 深刻	（形）	shēnkè	profound
16. 鲜明	（形）	xiānmíng	bright; distinct; distinctive
17. 生动	（形）	shēngdòng	lively; vivid
18. 谈吐	（名）	tántǔ	attitude and choice of word during a talk
19. 文雅	（形）	wényǎ	(of talk and manner) elegant; refined 谈吐文雅: talk in refined taste
20. 水平	（名）	shuǐpíng	standard; level

21. 一见钟情	yí jiàn zhōngqíng	fall in love at first sight
22. 造句	zào jù	make a sentence
23. 情不自禁	qíng bú zì jīn	cannot help oneself
24. 拆开	chāikāi	tear open or take apart sth
25. 化为乌有	huà wéi wūyǒu	come to naught
26. 哄堂大笑	hōng táng dà xiào	the whole room is rocking with laughter
27. 思想　（名）	sīxiǎng	thought; thinking
28. 不断　（副）	búduàn	unceasingly; continuously

注释 Zhùshì Notes

(一) "大概"与"大约"

"大概"既是副词、形容词，又是名词，"大约"只是副词。"大概"能作动词的补语，"大约"不能。"大概"还能作定语，"大约"不能。名词"大概"是指大致的内容或情况。

(1) 光这本《汉语成语大词典》就收了大概一万多个……

也可以说：光这本《汉语成语大词典》就收了大约一万多个……

(2) A：我忘带表了，现在几点了？

B：我也没带，大概六点多了吧。

也可以说：我也没带，大约六点多了吧。

(3) 昨天参加宴会的大约有一百多人。

也可以说：昨天参加宴会的大概有一百多人。

(4) 你说这件皮大衣大约得多少钱？

也可以说：你说这件皮大衣大概得多少钱？

(5) A：他什么时候能回来？

B：大约下个星期能回来。

也可以说：大概下个星期能回来。

(6) 这个公司的详细情况我不了解，只知道个大概。

不能说：这个公司的详细情况我不了解，只知道个大约。

(二) 哎呀，不好

"哎呀，不好"表示突然发现了不好的情况或突然醒悟。例如：

(1) 哎呀，不好，都八点了，今天又要迟到了。

(2) 哎呀，不好，我把钥匙锁屋里了。

(3) 哎呀，不好，我忘带护照了。

(三) 不断

副词"不断"表示连续。在句中作状语。例如：

(1) 学会用成语，就能更好地表达自己的思想和感情，也能不断提高自己的读写水平。

(2) 只要不断努力，就一定能取得好成绩。

(3) 听到父亲生病住院的消息，这个星期他不断给家里打电话，询问父亲的病情。

三 练习 Liànxí Exercises

（一）语音 Speech sound

1. 听一听，说一说，体会每组发音的不同
   Listen and practice, and distinguish the differences

   | 完整 wánzhěng | 诗词 shīcí |
   | 顽症 wánzhèng | 实词 shící |

   | 比喻 bǐyù | 手法 shǒufǎ |
   | 碧玉 bìyù | 受罚 shòu fá |

   | 道理 dàolǐ | 鲜明 xiānmíng |
   | 倒立 dàolì | 贤明 xiánmíng |

   | 思想 sīxiǎng | 不断 búduàn |
   | 思乡 sī xiāng | 不短 bù duǎn |

2. 诗词朗读 Read aloud the following poem

   九月 九日 忆 山 东 兄弟
   Jiǔyuè Jiǔrì Yì Shāndōng Xiōngdì

   （唐） 王 维
   (Táng) Wáng Wéi

   独 在 异 乡 为 异 客，每 逢 佳节 倍 思 亲。
   Dú zài yì xiāng wéi yì kè, měi féng jiājié bèi sī qīn.

   遥 知 兄弟 登 高 处，遍 插 茱萸 少 一 人。
   Yáo zhī xiōngdì dēng gāo chù, biàn chā zhūyú shǎo yì rén.

（二）朗读下列词语　Read aloud the following words and phrases

塞翁失马　自相矛盾　滥竽充数　一见钟情

情不自禁　化为乌有　哄堂大笑

词语结构　成语结构　句子结构　房屋结构

有改动　没有改动　文章有改动

比喻的说法　用鲜花比喻姑娘

夸张的说法　很夸张　太夸张了

深刻的道理　深刻的思想　深刻的体会

文章很生动　故事很生动　说得很生动

不断努力　不断提高　不断进步

（三）选词填空并熟读下列句子　Choose the right words to fill in the blanks then read aloud the following sentences

> 情不自禁　思想　手法　固定　准确
> 不断　结构　滥竽充数　塞翁失马　深刻

A

1. 我踢得不好，他们队缺一个人，非让我上不可，我只好去_____。
2. 吹了就吹了吧，_____，安知非福，说不定将来会遇到更好的。
3. 成语的_____是固定的，不能随便拆开用。
4. 诗词中也常用比喻和夸张的_____，你看，"问君能有几多愁，恰似一江春水向东流。"这句诗既用了比喻，又用了夸张。
5. "塞翁失马"这个成语故事说明了一个很_____的道理，那就是：坏事在一定的条件下，可以变成好事，好事在一定条件下也可以变成坏事。

6. 要_____、鲜明、生动地表达自己的思想和感情，就要努力掌握词语的用法。

7. 球迷们看到自己队踢进了一个球，就_____地欢呼起来。

8. 现在的年轻人很少有把自己_____在一个单位干上十年八年的，常常是稍不满意就跳槽。

9. 年轻人不但要有理想，还应该有_____，知道一个人应该怎么工作，怎么生活。

10. 一方面要努力提高自己的语言能力，另一方面还要_____提高自己的交际能力。

B

1. 请你把这个学校_____的情况给我介绍一下。　　　　（大概　大约）
2. 那天我没有仔细看，只是有一个_____的印象。　　　　（大概　大约）
3. 星期一有考试，我得把生词和课文_____复习一下。　　（大概　大约）

（四）完成句子　Complete the following sentences

1. 我现在掌握的词汇量_____。　　　　　（大概／大约）
2. 他的情况我_____，详细情况我也不清楚。　　　（大概）
3. 他说得很流利，_____。　　　　　　　　（不过）
4. 他喜欢她美丽聪明，她喜欢他善良热情，_____。　（一见钟情）
5. 我们班十八个学生，_____。　　　　　　（来自）
6. 我们去年在一个班学习过，不过他叫什么名字_____。（一下子）

（五）回答问题　Answer the following questions

1. 什么情况可以说是"自相矛盾"？

_____。

2. "塞翁失马"这个成语什么时候用？
_____。

3. 什么叫"滥竽充数"？
_____。

4. 为什么中国人喜欢用成语？
_____。

5. 安娜在用成语时，闹过什么笑话？
_____。

6. 你学过哪些成语？你觉得学习汉语成语的难处是什么？
_____。

（六）说出下列句子的使用语境（要求脱离课文，自己设置）

Describe the situations of the following sentences

1. 哎呀，不好！

2. 他的话自相矛盾。

3. 真是塞翁失马。

课文二：短文 Duǎnwén Text

一、朗读 Read aloud

王羲之的故事

　　王羲之自幼酷爱书法，几十年锲而不舍地刻苦练习，终于使他的书法艺术达到了炉火纯青的程度，被世人誉为"书圣"。

　　王羲之13岁那年，偶然发现父亲藏有一本讲书法的书——《说笔》，便偷来阅读。他父亲担心他年幼不能保密，答应等他长大之后再传授。没想到，王羲之竟跪下请求父亲允许他现在就读，父亲看他决心很大，就答应了。

　　王羲之练习书法很刻苦，甚至连吃饭、走路也常常琢磨书法，真是到了无时无刻不在练习的地步。没有纸笔，他就用手在身上写画，时间长了，衣服都被画破了，简直到了入迷的程度。一次，他因为练字忘了吃饭，家人把饭送到书房，他竟不加思索地用馒头蘸着墨吃了起来，还觉得很有味儿。当家人发现时，已是满嘴墨黑了。

　　王羲之常临池书写，在池边洗砚，使池水都变成了黑的，人称"墨池"。现在浙江省绍兴兰亭就有一处"墨池"的名胜，传说是王羲之当年洗砚的地方。

王羲之的书法艺术和刻苦精神很受世人赞许。据说，王羲之的婚事就是由此而定的。

　　王羲之的叔父王导是东晋的宰相，与朝中的官员郗鉴（Xī Jiàn）是好朋友。郗鉴有个女儿，如花似玉，才貌出众。一天，郗鉴对王导说："我想在你的儿子或侄子中为女儿选女婿。"王导当即表示同意。王导回到家中把这个消息告诉了几个子侄，子侄们早就知道郗家小姐冰清玉洁，人品出众，都想娶到她。郗家来人选婿的时候，几个侄儿都忙着更换衣服，精心打扮。只有王羲之对此事不闻不问，漠不关心。仍在东厢房内，躺在床上，一边看书，一边用手比画着，专心研究书法艺术。郗家来的人看过王导几个子侄之后，回去向郗鉴汇报说："王家几个儿郎都不错，只是显得有些拘谨不自然。只有东厢房那位躺在床上的公子，不闻不问，只顾用手在比画什么。"郗鉴听后，高兴地说："东床那位公子，必定是学有成就的王羲之。此子志向远大，潜心学业，正是我中意的女婿。"于是，就把女儿嫁给了王羲之。王导的其他子侄十分羡慕，称王羲之为"东床快婿"。从此"东床"就成了女婿的美称了。

二、生词　New words

1. 自　　　　　（介）　zì　　　　　　　from
2. 酷爱　　　　（动）　kù'ài　　　　　ardent love；酷爱书法：be very fond of calligraphy
3. 锲而不舍　　　　　　qiè ér bù shě　keep on chiseling or chipping away（fig）work with perseverance
4. 炉火纯青　　　　　　lú huǒ chún qīng　attain the highest degree of perfection in learning, skills or in doing sth.
5. 书圣　　　　（名）　shūshèng　　　sage of calligraphy
6. 保密　　　　　　　　bǎo mì　　　　maintain secrecy
7. 琢磨　　　　（动）　zuómo　　　　think over
8. 无时无刻　　　　　　wú shí wú kè　all the time；incessantly
9. 入迷　　　　　　　　rù mí　　　　　be fascinated；be enchanted
10. 蘸　　　　　（动）　zhàn　　　　　dip in
11. 砚　　　　　（名）　yàn　　　　　　inkstone
12. 赞许　　　　（动）　zànxǔ　　　　speak favourably of；praise
13. 如花似玉　　　　　　rú huā sì yù　like flowers and jade—(of a

			woman)	young and beautiful
14. 才貌出众		cái mào chūzhòng		of exceptional talent and distinguished appearance
15. 侄子	（名）	zhízi		nephew
16. 女婿	（名）	nǚxu		son-in-law
17. 不闻不问		bù wén bú wèn		show no interest in sth.
18. 漠不关心		mò bù guānxīn		indifferent; unconcerned
19. 志向	（名）	zhìxiàng		ambition; aspiration
20. 远大	（形）	yuǎndà		far-reaching
21. 学业	（名）	xuéyè		one's studies; school work
22. 东床	（名）	dōngchuáng		son-in-law
23. 美称	（名）	měichēng		good name

专 名   Proper nouns

1. 绍兴　　　Shàoxīng　　　name of a city
2. 兰亭　　　Lántíng　　　name of a place
3. 王导　　　Wáng Dǎo　　　name of a person
4. 东晋　　　Dōng Jìn　　　Eastern Jin Dynasty（317—420）
5. 郗鉴　　　Xī Jiàn　　　name of a person

三、回答问题　Answer the following questions

1. 王羲之的书法为什么能达到很高的水平？

2. 王羲之被中国人称作什么？

3. 王羲之的父亲为什么答应他读《说笔》这本书？

4. 王羲之平时是怎么练习书法的？

5. "墨池"是怎么来的？

6. "东床"这个词是怎么来的？

7. 郗鉴为什么愿意把女儿嫁给王羲之？

四、复述　Repeat this text

妙解成语

一次语文课上，老师向同学们解释"惊慌失措"①、"不知所云"②、"如释重负"③、"一如既往"④四个成语。

恰巧，一个学生正在呼呼大睡。老师一拍桌子，该生顿时坐了起来，拿起书便看，老师说："这便是'惊慌失措'。"接着，老师让他回答问题，他站起来吭哧⑤了半天。这时老师说："这就是'不知所云'，请坐下。"

这位同学长长地舒了一口气坐了下来。老师又说："这就是'如释重负'。"

等老师走上讲台，那同学又趴下睡觉。老师转身看到，指着他说："这就是'一如既往'。"

注释：

① 惊慌失措 jīng huāng shī cuò：frightened out of one's wits
② 不知所云 bù zhī suǒ yún：scarcely know what one is saying
③ 如释重负 rú shì zhòng fù：feel a sense of relief
④ 一如既往 yì rú jì wǎng：just as in the past；as before
⑤ 吭哧 kēngchi：hem and haw；stumble over one's words

第九课 破财能免灾吗？

课文一：会话 Huìhuà *Dialogue*

破财能免灾吗？

（两个女留学生在谈话……）

A：你怎么了？无精打采的，一点儿精神也没有。

B：你说倒霉不倒霉，我刚把自行车丢了，星期天又把手机丢了。

A：丢哪儿了？怎么丢的？

B：唉，我这个人向来马马虎虎，经常丢三落四的。朋友都说我马大哈。我要知道丢哪儿了，怎么丢的，还叫马大哈？

A：想开点儿，别把自己丢了就行。

B：你怎么跟我老爸说的一样。昨天我给爸爸打电话，说把手机丢了，我爸爸就安慰我说："丫头，丢了就丢了，只要别把你自己丢了就行。"听了老爸的话，我也只好这么安慰自己了。要不还能怎么办呢？在这方面，我觉得中国人的想法就很有意思。

A：什么想法？

B：有一次，我跟吴丹一起去买东西，把钱包丢了。吴丹对我说："丢了就丢了吧，别去想它了，破财免灾。"

A：破财免灾？什么意思？

B：开始我也不明白是什么意思，她就给我解释说："一个人丢了钱或别的什么东西，这就叫破财了。因为破了财，在以后的日子里就可能免除灾难。比如，不生病，不受伤，不出车祸什么的。"

A：真的吗？

B：谁知道呢，不过，丢了东西以后，我真的没生过病，也没出过车祸。

A：你以前常生病吗？

B：我以前也不常生病，身体很棒，可能是我以前也常常丢钱丢东西吧。

A：你还真相信这样的话。破财怎么能免灾？要这么说，你丢了自行车又丢了手机，以后就不用去医院看病了，车也不会撞你了，等于进了保险箱。是吗？

B：你爱信不信，反正我信。

A：哼！迷信。那你干脆把东西都丢了算了。

B：去！去！去！我不跟你抬杠了。

 生词 Shēngcí **New words**

1. 破财免灾		pò cái miǎn zāi	lose money just to avoid misfortune
破财		pò cái	suffer unexpected personal financial loss
免	（动）	miǎn	avoid
灾	（名）	zāi	misfortune
2. 无精打采		wú jīng dǎ cǎi	have the blues; out of humour; 也说:没精打采:méi jīng dǎ cǎi
3. 唉	（叹）	ài	sigh of sadness or regret
4. 倒霉		dǎo méi	have bad luck; be out of luck
5. 向来	（副）	xiànglái	always; all along
6. 马马虎虎	（形）	mǎmǎhūhū	careless; casual

7.	丢三落四		diū sān là sì	forgetful
8.	丫头	(名)	yātou	girl
9.	安慰	(动)	ānwèi	comfort; console
10.	解释	(动)	jiěshì	construe; explain
11.	免除	(动)	miǎnchú	prevent; avoid
12.	灾难	(名)	zāinàn	suffering; calamity
13.	受伤		shòu shāng	be injured; be wounded
14.	出	(动)	chū	happen
15.	车祸	(名)	chēhuò	traffic accident
16.	棒	(形)	bàng	good; strong
17.	保险箱	(名)	bǎoxiǎnxiāng	safe
18.	爱信不信		ài xìn bú xìn	believe it or not
	信	(动)	xìn	believe
19.	反正	(副)	fǎnzhèng	used to indicate the same result despite different circumstances
20.	哼	(叹)	hng	(expressing disapproval or reproach) humph
21.	迷信	(动)	míxìn	(in a broad sense) have blind faith in; make a fetish of
22.	抬杠		tái gàng	bicker; wrangle

二 注释 Zhùshì Notes

(一) 向来

副词"向来"表示从过去到现在都是这样。和"从来"的用法基本相同,不同的是,"从来"多用于否定句,而"向来"多用于肯定句。例如:

(1) 我这个人向来马马虎虎,经常丢三落四的。
(2) 爸爸的身体向来都很好。
(3) 他向来(从来)不抽烟。

(二) 马马虎虎

"马马虎虎"有随随便便,不认真,不重视的意思。也可以说"马虎"。

(1) 我这个人向来马马虎虎,经常丢三落四的。
(2) 他干什么都马马虎虎的,一点儿都不认真。
(3) 你也太马虎了,卷子上怎么连名字都没写就交了。

"马马虎虎"还有"勉强,凑合,不好也不坏"的意思。例如:

(1) 你游泳游得怎么样?马马虎虎。
(2) 这次考得怎么样?马马虎虎。口语80,听力75。
(3) 你最近身体怎么样?马马虎虎。

(三) 爱A不A

"爱A不A"表示选择A不选择A随便。带有不满的情绪。例如:

(1) 你爱信不信,反正我信。

(2) 你爱去不去，反正我告诉你了。

(3) 饭我已经做好了，你爱吃不吃。

三 练习 Liànxí Exercises

(一) 语音 Speech sound

1. 听一听，说一说，体会每组发音的不同
   Listen and practice, and distinguish the differences

   破财　pò cái　　　　向来　xiànglái
   菠菜　bōcài　　　　想来　xiǎnglái

   解释　jiěshì　　　　受伤　shòu shāng
   结识　jiéshí　　　　手上　shǒushang

   反正　fǎnzhèng　　　干脆　gāncuì
   方正　fāngzhèng　　 跟随　gēnsuí

2. 诗词朗读　Read aloud the following poem

   寻 隐 者 不 遇
   Xún Yǐn Zhě Bú Yù

   （唐）贾 岛
   (Táng) Jiǎ Dǎo

   松　下　问　童子，言　师　采　药　去。
   Sōng xià wèn tóngzǐ, yán shī cǎi yào qù.

   只　在　此　山　中，云　深　不　知　处。
   Zhǐ zài cǐ shān zhōng, yún shēn bù zhī chù.

（二）朗读下列词语　Read aloud the following words and phrases

倒霉　真倒霉　太倒霉了　倒了大霉

向来马虎　向来如此　向来这样　向来努力

破财免灾　马马虎虎　丢三落四

安慰别人　安慰自己

出车祸　出事故　出主意　出成绩

爱信不信　爱来不来　爱说不说　爱看不看

（三）选词填空并熟读下列句子

Choose the right words to fill in the blanks then read aloud the following sentences

| 向来 | 想开 | 精神 | 出 | 倒霉 | 迷信 | 破财 |
| 马马虎虎 | 干脆 | 反正 | 无精打采 | 丢三落四 | | |

1. 你真的相信_____免灾吗？
2. 你怎么了，这两天像掉了魂似的，一点儿也打不起_____来。
3. 你说我_____不_____，刚买的自行车就被小偷儿偷走了。
4. 他这个人_____认真，你跟他开个玩笑，他也会当真的。
5. 他老是_____的，去买水果，把钱一交就回来了，到家才发现，水果没有拿回来。
6. 这本书你要看就拿去看吧，_____我现在也不用。
7. 雨下得太大了，今天你_____就别走了。
8. 我亲眼看见今天学校门口_____了一起车祸。

9. 遇到这种事你只能_____点儿，不然，急出病来更倒霉。

10. 你真_____，还相信算卦的胡说八道。

11. 作业要认真做，_____怎么行？

12. 我昨天晚上看影碟一直看到一点多，今天上课时_____的，老打哈欠。

（四）完成句子 Complete the following sentences

1. 你把这事交给他就放心吧，他_____。　　　　（向来）
2. 这种门既方便又安全，"钥匙"就是你的指纹，_____。（只要）
3. 你爱参加不参加，_____。　　　　　　　　　　　（反正）
4. 你爱吃不吃，_____。　　　　　　　　　　　　　（反正）
5. 刚买的手机就被我弄丢了，_____。　　　　　　　（只好）
6. 这个东西你要是喜欢，_____。　　　　　　　　　（干脆）

（五）回答问题 Answer the following questions

1. 你什么时候会无精打采的，打不起精神来？
   _____。

2. 什么样的人会被人叫做"马大哈"？
   _____。

3. 要是朋友或亲人丢了东西，中国人会怎么安慰他／她？
   _____。

4. "破财免灾"是什么意思？
   _____。

5. 说"你爱信不信"的时候，说话人的心情怎么样？
   _____。

6. 你们国家有没有"破财免灾"一类的说法？
   _____。

（六）说出下列句子的使用语境（要求脱离课文，自己设置）
Describe the situations of the following sentences

1. 你说倒霉不倒霉，……

2. 想开点儿，千万别急出病来。

3. 去！去！去！我不跟你抬杠了。

课文二：短文　Duǎnwén　Text

一、朗读　Read aloud

两条珍贵的白鱼

这件事发生在我刚刚走出校门参加工作不久，那是我费了好大的劲儿才找到的工作。

老板要出差，临走除了交代日常工作以外，还特别叮嘱我照顾好他的两条白鱼。

老板是香港人，来内地投资办公司的时候便带了这两条白鱼来。开业的时候，这座有二十九英寸电视大小的鱼缸放在大厅最显眼的地方，里面水草丰茂，奇石嶙峋，一对白鱼浑身雪白，游动的姿态极其傲慢但又极其优雅。老板对人们说："这对白鱼是公司的吉祥物，曾给他频频带来好运。"

我精心护理着白鱼，心想，自己刚参加工作，一定要完成老板交代的任务。可是，一次换水时，我想把假山搬出来洗一洗，谁知假山被水浸过以后长了一层滑滑的东西，就在快搬出鱼缸的一瞬间，假山从我手中滑脱，随着"哗啦"一声巨响，玻璃碎片同水和鱼一起应声落地。两条柔软而富有弹性的白鱼在地上拼命跳跃……同事小晴从电脑室里跑出来，帮我取来塑料桶。待打来水救起白鱼，我发现地上有雪白的鳞片。小晴说，白鱼恐怕活不成了。我的眼泪立刻流了出来。

那一夜，我彻夜未眠，眼前一会儿是老板盛怒的脸，一会儿是同事嘲笑的面孔，好像他们在说，这个人一点儿能力都没有！

第二天中午，我连饭也没吃，花了半个月的工资买了鱼缸，把白鱼放进去，希望它们能活下去。然而，白鱼太娇嫩了。第三天一早，便死了。怎么办？一走了之，不！不能！我很快打消了这个念头。

星期日，我跑遍了全市的宠物市场，我不知道那鱼叫什么名字，但我牢牢记着鱼的模样。我急切地搜寻着，久久没有发现目标。就在我几乎绝望的时候，却终于发现了这种鱼。一问一千一百元一条！我吓呆了。可是，我拼命让自己镇定，对卖鱼的说："我回去拿钱。"

第九课 破财能免灾吗

我把所有的积蓄拿出来，还差四百多元，离下月发薪水还有十几天，我只好找小晴借了五百元并求她保密。

就在我把白鱼放进鱼缸里的当天下午，老板回来了。带着旅途风尘的老板进公司来的第一件事就是在大厅的鱼缸前驻足，我的心突突跳着，老板端详了两分钟之后，回办公室去了。我长长地吐了一口气。

不觉一个月过去了，发奖金那天，我听到小晴在老板的办公室里哭，好像在申诉什么，有几句话清晰地传到我的耳朵里："为什么扣我的奖金？有人把鱼缸打碎，白鱼死掉，她都没事，我不就打错几个字吗……"

一会儿，老板让我到他的办公室去。我感到身体发僵，惴惴不安地走了进去。

"你把鱼缸打了，白鱼死了？"

"是。"

"你自己买的鱼缸和白鱼？"

"是。"

"为什么你不一走了之？"

我抬头看了看他的神情，他十分平静，我不知道他真正想的是什么，也来不及多想，就说："做人要有信用，损坏东西要赔，这是父母和老师从小教给我的做人准则。"

"好！"老板突然大声说了这个字，把我吓了一跳。他说："我非常欣赏你的理由，下个月你到销售部任副经理，怎么样？"

汉语中级口语教程 下册

这突如其来的结果让我说不出话，好久才说："谢谢!"

我正要转身出去，老板又叫住了我，递给我一沓钱，"这是买鱼缸和鱼的钱，你刚参加工作，哪儿有什么钱，你不知道，我也是受苦人出身，找饭吃，不容易啊!"

我的泪水一下子涌了出来。不管曾经受了怎样的委屈，毕竟我得到了应有的理解和尊重，我为自己能在涉世之初坚守做人的原则而感到庆幸和欣慰。

(选自新疆青少年出版社出版的《绝版的美丽》，有改动)

二、生词 New words

1. 投资		tóu zī	investment; invest
2. 丰茂	(形)	fēngmào	luxuriant; lush
3. 嶙峋	(形)	línxún	(of mountain, cliffs, etc.) jagged; 奇石嶙峋: jagged rocks in grotesque
4. 傲慢	(形)	àomàn	arrogant

第九课 破财能免灾吗？

5. 优雅	（形）	yōuyǎ	graceful; beautiful and elegant
6. 吉祥物	（名）	jíxiángwù	mascot
7. 频频	（副）	pínpín	repeatedly; again and again
8. 滑脱	（动）	huátuō	slip out of the hand
9. 跳跃	（动）	tiàoyuè	jump; leap
10. 鳞	（名）	lín	scale (of fish, etc.)
11. 彻夜未眠		chè yè wèi mián	lie awake all night
12. 娇嫩	（形）	jiāonèn	tender and lovely
13. 宠物	（名）	chǒngwù	pet
14. 搜寻	（动）	sōuxún	search for; look for; seek
15. 绝望		jué wàng	hopeless
16. 镇定	（动）	zhèndìng	calm; cool
17. 积蓄	（动）	jīxù	save; by aside
18. 发僵		fā jiāng	stiff; numb
19. 惴惴不安		zhuìzhuì bù'ān	be anxious and fearful; be alarmed
20. 赔	（动）	péi	compensate
21. 准则	（名）	zhǔnzé	norm; standard
22. 突如其来		tū rú qí lái	arise suddenly; come all of a sudden

24. 涉世	(动)	shèshì	experience
25. 欣慰	(形)	xīnwèi	be gratified

三、回答问题 Answer the following questions

1. 故事发生在什么时候？

2. 老板出差时，让"我"帮他做什么？

3. "我"是怎么照顾这两条白鱼的？

4. 白鱼为什么会死掉？

5. "我"是怎么处理这件事的？

6. 老板是怎么知道是"我"把鱼缸打破的？

7. 老板为什么要"我"去做副经理？

8. 你从这个故事里读到了什么？

四、复述 Repeat this text

杯子不是木头做的

老师教外国留学生写汉字。写完"杯子"的"杯"字,一个外国留学生问老师:"老师,您见过木头做的杯子吗?"

老师很年轻,没有见过木头做的杯子,就说:"没有。"

这个外国留学生觉得自己有理了,又问:"那为什么杯子的'杯'是木字旁?"

这位年轻教师没想到学生会问这样的问题,一下子有点儿紧张,但他毕竟是老师,灵机一动,连忙回答:"你没看见吗?'杯'字右边不是个'不'字吗?就是说它不是木头做的。"

这个留学生又看了一下那个"杯"字,说:"我懂了。"

第十课　性格能决定命运吗？

课文一：会话　Huìhuà　Dialogue

性格能决定命运吗？

（两个好朋友在议论性格是否决定命运……）

男：你知道不知道这句话？

女：什么话？

男：性格决定命运。

女：听说过。

男：你相信吗？

女：不太相信。

男：我相信。我所以这么倒霉，可能就是因为性格不好。性格不好，可能就是因为情商太低吧。

女：你开什么玩笑。你的性格怎么能算不好呢？你怎么倒霉了？我觉得，在我们同班同学中，你的情况还是挺不错的。

男：哪里。我这个人性格外向，脾气又急，还爱发火，处事不太讲策略，很容易得罪人，所以常常搞得自己很苦恼。

女：人嘛，哪有十全十美的。我喜欢你这样的性格，起码让人觉得你是个耿直、坦率、透明的人，我不喜欢那种很阴的人。

男：你还夸我呢。我总觉得自己很失败，都过了而立之年了，还一事无成。所以常常自责，认为这都是自己性格不好造成的。

女：你对自己的要求太高了。你现在的情况怎么能说是失败呢？千万不要轻易地给自己下这样的结论，也不要有这种消极的心理暗示。说到成功，我想成功的因素最重要的还不是性格，或者说不完全决定于性格。因为决定成功的因素很多，包括智商、情商、教育水平、家庭背景等，甚至相貌也是能否成功的一个重要因素。

男：你的话也有一定的道理。

女：还有，一个人能成功，首先要具有一定的天分，有的人，生来就聪明，可能就比较容易成功。除此之外，还是要看自己努力的程度，天分加勤奋，才是成功的主要因素。

男：据说一般人的智商都差不多，为什么有的人能成功，有的人就成功不了呢？我认为，性格好，也是成功的主要条件。性格好的人容易得到别人的帮助，也容易抓住机遇，如果没有机遇，也很难获得成功。

女：你说得有一定的道理。不过，机遇往往属于有准备的人。比如说吧，现在一个公司或者一个政府部门要招聘一个高级汉语翻译，薪水和各方面的待遇都很好。这对于我们学汉语的人来说，当然是个机遇。如果你的汉语水平非常高，就有可能被选中，这个机遇就属于你。如果你的汉语水平达不到要求，就会失去这个机遇。所以还是要努力提高自己的能力，这样才容易获得机遇。

男：是的。

女：所以我不太相信性格决定命运的说法，也不认为性格是成功与否的主要因素。我认为一个人能不能成功的因素是多方面的，综合的。

第十课 性格能决定命运吗？

一 生词 Shēngcí New words

1. 性格	（名）	xìnggé	temperament
2. 同班	（名）	tóngbān	be in the same class
3. 脾气	（名）	píqi	temperament; bad temper
4. 外向	（形）	wàixiàng	extroversive
5. 发火儿		fā huǒr	get angry; lose one's temper
6. 策略	（名）	cèlüè	strategy
7. 得罪	（动）	dézuì	offend; give offence to（sb.）
8. 嘛	（助）	ma	a modal particle
9. 耿直	（形）	gěngzhí	honest and frank
10. 坦率	（形）	tǎnshuài	straightforward
11. 透明	（形）	tòumíng	（of an object）transparent; lucid
12. 阴	（形）	yīn	sinister
13. 夸	（动）	kuā	praise
14. 而立之年		ér lì zhī nián	a sentence in Analects. Governance that means one has made some achievement at the age of thirty
15. 一事无成		yí shì wú chéng	accomplish nothing
16. 轻易	（副、形）	qīngyì	rashly; lightly; easily

17. 结论	（名）	jiélùn	final conclusion
18. 相貌	（名）	xiàngmào	(of a person) facial features; looks
19. 否	（助）	fǒu	used after 是,能,可,etc. to indicate a choice or question
20. 天分	（名）	tiānfèn	natural gift; talent
21. 勤奋	（形）	qínfèn	diligent; assiduous
22. 机遇	（名）	jīyù	(oft. favourable) opportune time; opportunity
23. 部门	（名）	bùmén	department; branch
24. 招聘	（动）	zhāopìn	invite applications for job
25. 薪水	（名）	xīnshuǐ	pay; salary
26. 待遇	（名）	dàiyù	salary or wages and benefits
27. 选中		xuǎnzhòng	pick on; decide on

注释 Zhùshì Notes

（一）而立之年

"而立之年"就是三十岁。这是从孔子的一句话里引申出来的。孔子认为，人三十岁就应该做出成绩，学有成就了。

其他年龄段的说法是：40岁：不惑之年；50岁：知天命之年；60岁：耳顺之年。70岁：古稀之年。八九十岁：耄耋（màodié）之年

（二）轻易

副词"轻易"表示随随便便。在句中作状语。例如：
(1) 千万不要轻易地给自己下这样的结论，也不要有这种消极的心理暗示。
(2) 对于这个问题他轻易不发表自己的意见。
(3) 这是你的终身大事，怎么能轻易地决定呢？

形容词"轻易"表示轻松容易。也常作状语。例如：
(1) 不经历风雨，不能见彩虹，什么人也不能轻易成功。
(2) 他这个成绩可不是轻易得来的，不知道付出了多少辛勤的汗水。
(3) 外语不是轻易就能学好的，必须下苦功夫才行。

（三）否

助词"否"表示否定，用在"是、能、可"等词后边表示选择或询问。"是否"表示是不是，"能否"：能不能，"可否"：可以不可以，"成功与否"表示成功不成功，多用于书面。例如：
(1) 甚至相貌也是能否成功的重要因素。
(2) 这次考试能否通过，要考试以后才能知道。
(3) 我们决定下星期出发，你能否跟我们一起去，请发短信告诉我。

三 练习 Liànxí *Exercises*

（一）语音 Speech sound

1. 听一听，说一说，体会每组发音的不同
   Listen and practice, and distinguish the differences

   ｛同班 tóngbān   ｛脾气 píqi
    同伴 tóngbàn   闭气 bì qì

   ｛暗示 ànshì   ｛机遇 jīyù
    按时 ànshí   急于 jíyú

   ｛轻易 qīngyì   ｛选中 xuǎnzhòng
    经意 jīngyì   选种 xuǎn zhǒng

2. 诗词朗读 Read aloud the following poem

   忆　江南
   Yì jiāngnán

   （唐）　白　居易
   (Táng) Bái Jūyì

   江南　　好，风景　旧　曾　谙，
   Jiāngnán hǎo, fēngjǐng jiù céng ān,

   日　出　江　花　红　胜　火，
   Rì chū jiāng huā hóng shèng huǒ,

   春　来　江　水　绿　如　蓝，
   Chūn lái jiāng shuǐ lǜ rú lán,

   能　不　忆　江南？
   Néng bù yì jiāngnán?

（二）朗读下列词语　Read aloud the following words and phrases

性格决定命运　性格外向　性格内向　性格耿直

脾气好　脾气坏　脾气大　脾气怪　发脾气

得罪人　爱得罪人　不怕得罪人

而立之年　一事无成　消极暗示　积极暗示

是否　可否　能否　去否　来否

很有天分　没有天分　天分很高

招聘教师　招聘广告　招聘会

（三）选词填空并熟读下列句子　Choose the right words to fill in the blanks then read aloud the following sentences

| 同班 | 暗示 | 得罪 | 轻易 | 条件 | 机遇 |
| 性格 | 薪水 | 选 | 外向 | 勤奋 | 脾气 | 智商 |

1. 我不太相信_____决定命运的说法，何况人的性格也是会改变的。
2. 我认为情商和_____同样重要，不能强调一方面而忽视另一方面。
3. 他们俩大学是_____同学，后来成了夫妻。
4. 这事我根本不知道，和我毫无关系，你冲我发什么_____？
5. 生活中因为说话办事_____人是难免的。总不能因为怕_____人就不说话不干事吧。

6. 她这个人性格_____，爱说爱道，我喜欢她这样的人，觉得好相处，我不喜欢那种很阴的人，喜怒不形于色，从来不笑。遇到这种人，我劝你离他远点儿。

7. 要保持乐观向上的精神，千万不要给自己消极的心理_____。如果你整天想自己可能有病，那你真的会得病，起码精神有病。

8. 一个人的性格好，起码是获得成功的一个重要的_____。你爱信不信，反正我信。

9. 我认为天分加_____是走向成功的主要条件。

10. 成功与否，_____当然也很重要，但是，_____往往属于那些有准备的人，所以，当你觉得自己运气不好，没有机遇的时候，首先要问问自己：准备好了吗？

11. _____的高低当然是找工作时首先要考虑的，但是也要考虑工作环境的好坏，我说的工作环境既包括硬环境，也包括软环境。

12. 有的人，只能是被动地让单位来_____你，而有的人却可以自由地选单位。决定的因素在于，看你有能力还是没有能力。

13. 你总说自己笨，你怎么会笨呢，笨能考上大学吗？千万不要_____给自己下这样的结论。

（四）完成句子 Complete the following sentences

1. _____，是怕你担心。 （所以）

2. 事实完全不像他说的那样，你_____。 （千万）

3. 要参加 HSK 高级考试，_____。 （起码　掌握）

4. 成功的因素包括天分、勤奋，_____。 （除此之外）

5. 这场比赛他们队很幸运，对方是一个弱队，所以，_____。 （轻易）

6. 这事跟她一点儿关系都没有，_____？ （发火）

（五）回答问题 Answer the following questions

1. 你对"性格决定命运"的说法是怎么看的？
   _____。

2. 什么情况下"得罪人"？你得罪过人吗？
   _____。

3. 你的性格是外向型的还是内向型的？
   _____。

4. 你对自己的性格苦恼过吗？为什么？
   _____。

5. 你常给自己积极的心理暗示还是消极的心理暗示？
   _____。

6. 课文中说"机遇往往属于有准备的人"，你同意这一说法吗？为什么？
   _____。

（六）说出下列句子的使用语境（要求脱离课文，自己设置）
Describe the situations of the following sentences

1. 真倒霉！/ 今天倒霉透了。

2. 真是性格决定命运！

3. 你开什么玩笑。

课文二：短文 Duǎnwén Text

一、朗读 Read aloud

信任的力量

第一次参加家长会。幼儿园的老师说："你的儿子有多动症，在椅子上连三分钟都坐不住。您最好带他去医院看看。"

回家的路上，儿子问她，老师都说了些什么，她鼻子一酸，差点儿掉下眼泪来。因为全班三十多位小朋友，唯有他表现最差。对他，老师表现出一种不屑。然而她还是告诉儿子："老师表扬你了，说你原来在椅子上坐不了一分钟，现在能坐三分钟了。别人都非常羡慕妈妈，因为全班只有你进步了。"

那天晚上，她儿子破天荒地自己洗脸、洗脚，自己上床睡觉，没让她帮助。

……

儿子上小学了。家长会上，老师说："全班五十名同学，这次数学考试，你儿子排第四十名。我们怀疑他智力上有障碍，您最好能带他去医院检查检查。"

回家的路上，她流了泪。然而，当她回到家里，却对坐在桌前的儿子说："老师对你充满信心。他说了，你并不是个笨孩子，只要能细心些，会超过你的同桌。"

说这话时。她发现，儿子黯淡的眼神一下子充满了神采，沮丧的脸也一下子舒展开来。第二天上学，去得比平时都要早。

……

孩子上了初中，又一次家长会。她坐在儿子的座位上，等着老师点她儿子的名字，因为每次家长会，她儿子的名字在差生的行列中总被点到。然而，这次出乎她的预料，直到结束，都没点到。她有些不习惯。临走前，去问老师，老师告诉她："按你儿子现在的成绩，考重点高中有点儿危险。"

她怀着惊喜的心情走出校门，看见儿子正在等她。路上她扶着儿子的肩膀，心里有一种说不出的甜蜜，她告诉儿子："班主任对你非常满意，他说了，只要你努力，很有希望考上重点高中。"

……

高中毕业了。第一批大学录取通知书下来前，她就有一种预感，儿子很可能被清华大学录取，在报考前，她对儿子说过，妈妈相信你有能力考取这所学校。

果然，清华大学的录取通知书来了。儿子把一封印有清华大学招生办公室的特快专递交到她的手里，突然转身跑到自己的房间里哭了起来。边哭边说："妈妈，我知道我不是个聪明的孩子。只有妈妈能信任我，欣赏我……"

这时，她悲喜交集，再也按捺不住十几年来的泪水，任它滴落在手中的信封上。

（根据杨新华《只有你才能欣赏我》改写，选自《阅读文选》）

二、生词　New words

1.	不屑	（动）	búxiè	belittle; look down on
2.	破天荒	（动）	pòtiānhuāng	occur for the first time
3.	障碍	（名）	zhàng'ài	hinder; block; obstacle
4.	超过	（动）	chāoguò	exceed; surpass
5.	黯淡	（形）	àndàn	dim; faint
6.	神采	（名）	shéncǎi	demeanour; mien
7.	惊喜	（形）	jīngxǐ	pleasantly surprised
8.	录取	（动）	lùqǔ	enroll; recruit
9.	预感	（动、名）	yùgǎn	have a premonition about sth.; forebode; premonition
10.	悲喜交集		bēi xǐ jiāo jí	mixed feelings of grief and joy
11.	按捺不住		ànnà bú zhù	cannot contain one's excitement

三、回答问题　Answer the following questions

1. 妈妈为什么鼻子一酸，差点儿流下眼泪来？请问，你什么时候会有这种情况？

2. 对儿子，老师为什么表现出不屑？你认为这样的老师合格吗？你要是老师会怎么做？

3. 儿子在中学的学习怎么样？

4. 儿子最后考上了哪个大学？

5. 妈妈是怎么鼓励儿子取得这个成绩的？

6. 说说你的读后感。

四、复述　Repeat this text

成绩稳定

儿子的学习成绩一直很差，连着四个学期都是班上的倒数第一。这让我很着急。前些天，我给儿子的老师打电话，询问儿子的学习情况，老师说："马上要考试了，希望家长配合学校，帮助学生好好复习，相信您儿子会考出好成绩的。"

昨天，儿子拿出了本次考试的成绩和排名。我一看，又是全班最后一名，哎，反正债多了不愁。我反而比较关心老师给儿子写的评语。我翻开评语，只见上面写着："李超群同学学习成绩十分稳定。"

第十一课　地球是人类共同的家园

课文一：会话　Huìhuà　Dialogue

地球是人类共同的家园

（两个朋友看了科教片儿以后在谈论环境问题……）

A：看了这个科教片儿，我觉得，人类大量捕杀野生动物，毫无节制地砍伐森林，几乎所有的河水都被污染了，这真让人感到心痛，感到不可思议。

B：现在，环境问题是我们人类面临的最大的问题。要是再不重视，地球上可真住不下去了。动物和植物越来越少，土地荒漠化程度越来越严重，再就是地球变暖，连南极的冰川都在慢慢溶化……。这样下去，真让人为地球的命运担心。

A：可不是。地球是人类共同的家园，如果地球的生态环境再继续恶化下去，人类的生存就会面临严重威胁。你

第十一课　地球是人类共同的家园

想，要是抬头不见蓝天和白云，河里流淌的都是污水，地球上没有了森林和草地，再也听不到小鸟的叫声，那么，人类自身灭绝的日子恐怕也就不远了。

B：太可怕了。

A：最可怕的是还有很多人没有意识到地球正面临着危险，还在肆无忌惮地破坏地球的生态环境，还在不断地制造生态灾难。

B：因此，应该让更多的人知道保护环境的重要，从日常生活中的小事做起。

A：你说得挺好听，可是，现在不让你开车上下班，你做得到吗？

B：做不到。

A：还是的。为了保护环境，我就坚持不买车，出门坚持坐

公交车或打的。

B：坐公交车坐出租车就不污染环境啦？

A：比起你开私家车总要好一些吧，你这人就爱跟人家抬杠。

B：你这也不过是五十步笑百步。

A：那你说怎么办吧？

B：要我说？我又不是科学家，我哪里知道怎么办？我想，科学家们应该能研究出办法，比如开发新能源，开发新材料，充分利用太阳能、风能，把海水淡化什么的。各国政府也应该组织力量，绿化荒山荒漠，保护好野生动物，保护森林，保护江河湖海，总之，人类一定会有办法的。

A：那选你当总统得了。

B：光当一个国家的总统顶什么用？得当联合国秘书长，动员世界各国一起保护环境才行。

A：说起来容易做起来难啊。

 生词　Shēngcí　New words

1. 科教片儿　（名）　kējiàopiānr　popular science film
2. 捕杀　　　（动）　bǔshā　　　　catch and kill
3. 野生　　　（形）　yěshēng　　　wild

4.	节制	（动）	jiézhì	control
5.	砍伐	（动）	kǎnfá	fell (trees)
6.	土地	（名）	tǔdì	land; soil
7.	荒漠	（名）	huāngmò	desert; wasteland
8.	化		huà	used as a suffix for a noun or an adjective to indicate sth. or sb. is becoming or made to have that attribute
9.	冰川	（名）	bīngchuān	glacier
10.	溶化	（动）	rónghuà	(of solid matter) dissolve
11.	共同	（形）	gòngtóng	common
12.	家园	（名）	jiāyuán	home; homeland
13.	生态	（名）	shēngtài	ecology
14.	恶化	（动）	èhuà	deteriorate
15.	生存	（动）	shēngcún	subsist; exist; live
16.	威胁	（动）	wēixié	threaten
17.	流淌	（动）	liútǎng	(of liquids) flow; run
18.	污水	（名）	wūshuǐ	dirty water
19.	自身	（名）	zìshēn	self; oneself
20.	灭绝	（动）	mièjué	become extinct
21.	肆无忌惮		sì wú jì dàn	unscrupulous
22.	公交车	（名）	gōngjiāochē	bus
23.	私家车	（名）	sījiāchē	personal car
24.	不过	（副）	búguò	but; however

25. 五十步笑百步		wǔ shí bù xiào bǎi bù	one who retreats fifty paces mocks one who retreats a hundred;（fig.）one who has the same shortcoming or mistakes as another, but to a lesser degree, laughs at the other
26. 开发	（动）	kāifā	develop; open up
27. 能源	（名）	néngyuán	energy resources, referring to fuel, hydraulic power, wind power, etc. that can produce energy
28. 太阳能	（名）	tàiyángnéng	solar energy
29. 淡化	（动）	dànhuà	make saline water fresh by removing its salts so that it is suitable for daily life or industrial and agricultural purposes
30. 绿化	（动）	lǜhuà	(of place) green by planting trees, flowers, etc. to beautify the environment, improve hygiene and prevent the loss of water and soil
31. 得了	（助）	déle	used in a declarative sentence to indicate affirmation
32. 顶用		dǐng yòng	be of use or help; serve the purpose
33. 秘书长	（名）	mìshūzhǎng	secretary general

专 名 zhuānmíng Proper nouns

1. 南极　　Nánjí　　　the South Pole
2. 联合国　Liánhéguó　United Nations (U.N.)

二 注释 Zhùshì Notes

(一) 下去

趋向动词"下去"用在动词后面，表示动作由现在继续到将来。"动+不+下去"则表示动作不能继续进行，是可能补语的否定形式。例如：

(1) 如果地球的生态环境再继续恶化下去，人类的生存就会面临严重威胁。

(2) 明年我还想在这个学校学下去。

(3) 要是再不重视环境保护，地球上可真住不下去了。

(4) 她说着说着就难过得说不下去了。

(二) 化

"化"是后缀。用在名词或形容词后边构成动词，表示转变成某种性质后的状态。例如：

(1) 动物和植物越来越少，土地荒漠化程度越来越严重。

(2) 中国不可避免地要走城市化的道路。

(3) 要多种树种花，绿化美化我们的家园。

(三) 五十步笑百步

one who retreats fifty paces mocks one who retreats a hundred—different in degree but similar in nature

这是孟子的一句话，意思是：有两个士兵从前线败下来，一个退了五十步，另一个退了一百步。退了五十步的就讥笑退了一百步的，说他不勇敢，胆小鬼。其实两个人都是在后退，只是退得远近不同罢了。用来比喻自己跟别人有同样的缺点或错误，只是程度轻一些，却讥笑别人。

三 练习 Liànxí Exercises

(一) 语音 Speech sound

1. 听一听，说一说，体会每组发音的不同

   Listen and practice, and distinguish the differences

   | 节制 | jiézhì | | 砍伐 | kǎnfá |
   | 戒指 | jièzhi | | 看法 | kànfǎ |

   | 土地 | tǔdì | | 共同 | gòngtóng |
   | 徒弟 | túdi | | 共通 | gòngtōng |

   | 污水 | wūshuǐ | | 不过 | búguò |
   | 午睡 | wǔshuì | | 补过 | bǔ guò |

2. 诗词朗读　Read aloud the following poem

> **忆　江南（二）**
> Yì　jiāngnán
>
> （唐）白居易
> (Táng) Bái Jūyì
>
> 江南　忆，最　忆　是　杭州。
> Jiāngnán yì, zuì yì shì Hángzhōu.
>
> 山　寺　月　中　寻　桂子，
> Shān sì yuè zhōng xún guì zǐ,
>
> 郡　亭　枕　上　看　潮头。
> Jùn tíng zhěn shàng kàn cháotóu.
>
> 何　日　更　重　游。
> Hé rì gèng chóng yóu.

（二）朗读下列词语　Read aloud the following words and phrases

有节制　无节制　要节制　砍伐森林　砍伐树木

土地荒漠化　荒漠绿化　城市美化

共同的家园　共同的梦想　共同的事业

生态恶化　生态灾难　生态平衡

威胁人类的安全　威胁人类的生存　威胁世界的和平

（三）选词填空并熟读下列句子

Choose the right words to fill in the blanks then read aloud the following sentences

> 共同　顶用　生存　公交车　砍伐　不过
> 肆无忌惮　捕杀　得了　流淌　溶化　灭绝

1. 中国制定了《野生动物保护法》，严格禁止随意_____野生动物。

2. 无节制地_____森林，一定会造成生态灾难。

3. 土地荒漠化正在严重威胁着人类的_____。

4. 冰川大面积_____是地球变暖造成的。

5. 要呼吁全世界各国行动起来，保护我们人类_____生活的家园——地球。

6. 很多河里_____着的都是污水，河里已经没有了鱼虾。

7. 如果地球上的野生动植物都_____了，人类的命运就可想而知了。

8. 可怕的是，有的人还在_____地破坏地球的自然环境，制造大量的生态灾难。

9. 大城市应该提倡人们出行时多坐_____，而少开私家车，减少对空气的污染。

10. 十年前我们这个城市_____二十几万人，现在已经超过一百万了。

11. 你想去你去_____，我肯定不去。

12. 保护地球环境，维护大自然的生态平衡只靠少数国家是不_____的，世界各国应该共同行动。

（四）完成句子 Complete the following sentences

1. 如果这里的环境再继续恶化，_____。　　（V+不+下去）

2. 只要_____，就一定能实现你的理想。　　（V+下去）

3. 我_____，并不打算买。　　（不过）

4. 他_____，你不必在意。　　（不过）

5. 这里吃的很便宜，日用品应有尽有，_____，请爸爸妈妈放心。

　　（总之）

6. 业余时间我学拉二胡，打太极拳，画中国画儿，_____。　　（总之）

（五）回答问题 Answer the following questions

1. 你觉得人类都面临什么环境问题？

　　_____。

2. 课文说"最可怕的是还有很多人没有意识到地球正面临着危险，还在肆无忌惮地破坏地球的生态环境，还在不断地制造生态灾难。"你同意这一说法吗？举例说明这种情况。

   _____。

3. 为了保护环境，我们怎样从日常生活小事做起？

   _____。

4. "五十步笑百步"是什么意思？请你举个例子。

   _____。

5. 生活中有没有遇到过"爱抬杠"的人？举例说明怎么抬杠？

   _____。

6. 生活中你有没有遇到觉得不可思议的人或事？请举例说明。

   _____。

（六）说出下列句子的使用语境（要求脱离课文，自己设置）

Describe the situations of the following sentences

1. 太可怕了。

2. 你说得好听，让你那样做，你做得到吗？

3. 这事说起来容易做起来难啊！

课文二：短文 Duǎnwén Text

一、朗读 Read aloud

漂流瓶的故事

曾经听过一个故事。有个少年甲，将自己的姓名、住址写在纸条上，放入空瓶中，制成一个个漂流瓶，投进江里。接下来的日子，漂流瓶被许多素不相识的人拾起，他们给少年甲写信，跟他交朋友。一个漂流瓶更是漂洋过海，被异域少女琼斯拾得，她也和少年甲成了笔友。数年后，琼斯远涉重洋来到中国，同已是青年的甲一见钟情。甲在琼斯的邀请下，去外国留学，毕业后与琼斯双双任职于联合国一个重要部门。在他们的新婚典礼上，有人问他们是怎样跨越万水千山走到一起的。甲深情地说："我们的爱情缘于一只小小的漂流瓶。朋友们，如果你们也想获得同样的幸福，就请开怀畅饮，喝光所有瓶中的美酒，制作漂流瓶吧。"

听完这个故事后的某个夏日。我也想浪漫一下，就用电脑制作了十几份有我姓名、地址、电话号码、e-mail等的纸条，洒上香水封入瓶中。傍晚，我带着这些宝贝来到小河的桥上，将它们投入水中。漂流瓶带着我的梦想与希望漂向远方。这条河在几百里外汇入鄱阳湖，鄱阳湖的出口便是长江，长江的前面是大海……

等待，焦急而漫长的等待。

一个多月后，我收到一封陌生的信件，来自鄱阳湖边的一个城镇，字迹娟秀，我眼前顿时浮现出一个美丽少女的音容笑貌。欣喜若狂地拆开信，信上写道："先生，我8岁的弟弟捡到你乱扔的酒瓶子。他好奇地打开，双手割得鲜血淋漓，在救治中共花医药费120元。你马上寄钱来，不然，我们就拿着你写的字条去告你！"

我很内疚，乖乖地寄了钱去。

又过了一个月，我收到了第二封信，来自上海，是一封公函，意思是说我的漂流瓶对江面造成了污染，违犯环保法某某条，罚款330元，并加收打捞漂流瓶的人工费100元，出勤费70元，共计500元。信中提醒我，如果不想让上海的环保执法人员上门索要的话，罚款必须在一个月内交付。

这时，我正在读大学，如果上海真派人来到学校，那将引起多么不堪的后果！我只好如期如数把钱寄去。

时间一天天过去，漂流瓶引来的信件，让我变成了一只惊弓之鸟。所以，这之后寄来的信件我一律投进了垃圾筒。

几年后的一天，我收到了国外来的一封信，我小心翼翼地抽出信件，既不是英文，也不是我选修的德文。我还是很细心地在信上搜寻，信里既没发现有表示金钱的符号，也没发现有表示大小的阿拉伯数字。看来这一次没有人要跟我的腰包过不去了。

我将信带到单位，几乎问遍了所有懂外文的同事，终于得知信是从巴西寄来的，用的是葡萄牙文。我把信交给一个懂葡萄牙文的朋友，心中充满期待和激动。要知道，巴西女郎的激情是举世闻名的，早知如此，当初我就应该选修葡萄牙文。朋友看完信后告诉我："信是一个叫伊丝丽的女孩子写的，要翻译出来吗？"我一听立刻激动起来，连忙说："要！要！请帮我翻译一下。"他说你听着，随即大声念道："可耻！可耻！破坏海洋环境的人最可耻！"

(作者：江群，选自《青年博览》，有改动)

二、生词 New words

1. 素不相识		sù bù xiāngshí	unknown; total stranger
2. 异域	(名)	yìyù	a foreign country
3. 远涉重洋		yuǎn shè chóng yáng	travel across the seas
4. 典礼	(名)	diǎnlǐ	ceremony
5. 万水千山		wàn shuǐ qiān shān	trials of a long and arduous journey
6. 开怀畅饮		kāi huái chàngyǐn	drink with abandon; have a hearty drink
7. 洒	(动)	sǎ	sprinkle; spray
8. 漫长	(形)	màncháng	endless

9. 字迹	（名）	zìjì		handwriting; writing
10. 娟秀	（形）	juānxiù		beautiful
11. 浮现	（动）	fúxiàn		come to mind
12. 欣喜若狂		xīnxǐ ruò kuáng		be wild with joy; go into raptures
13. 淋漓	（形）	línlí		dripping wet
14. 告	（动）	gào		go to law against sb.
15. 内疚	（形）	nèijiù		guilty conscience
16. 公函	（名）	gōnghán		official letter
17. 违犯	（动）	wéifàn		break the law
18. 索要	（动）	suǒyào		ask for
19. 不堪	（动）	bùkān		cannot bear; cannot stand
20. 如期	（副）	rúqī		on schedule; on time
21. 惊弓之鸟		jīng gōng zhī niǎo		a badly frightened person
22. 垃圾	（名）	lājī		rubbish
23. 小心翼翼		xiǎoxīn yìyì		with the greatest of care; very cautiously
24. 符号	（名）	fúhào		symbol; mark
25. 阿拉伯数字		Ālābó shùzì		Arabic numerals

26. 激情	（名）	jīqíng	passion
27. 葡萄牙文		Pútáoyá wén	Portuguese
28. 可耻	（形）	kěchí	shameful

专名 · Proper nouns

1. 琼斯	Qióngsī	name of a person
2. 鄱阳湖	Póyáng Hú	Poyang Lake（in Jiangxi Province）
3. 巴西	Bāxī	Brazil
4. 伊丝丽	Yīsīlì	name of a person

三、回答问题　Answer the following questions

1. 关于漂流瓶"我"听到了一个什么样的故事？

2. 第一个给"我"寄来信的是什么人？信里说什么？

3. 第二封信是从哪里寄来的？信中要求"我"做什么？

4. 后来，"我"为什么把信都扔到了垃圾筒里？

5. 从国外来的这封信是用什么文写的？信上是怎么说的？

6. 作者想通过这个有趣的故事告诉我们什么？

四、复述 Repeat this text

吃苦耐劳①

儿子从小是在蜜罐里长大的，很少经历过磨练，比较怕吃苦。有一天我对儿子说道："要做个真正的男子汉，就得流血流汗不流泪，就得吃苦耐劳。"儿子听了说道："爸爸，我是要做个真正的男子汉，可是我不想吃'苦耐劳'，我就想吃'麦当劳'②！"

注释：

① 吃苦耐劳 chī kǔ nài láo：bear hardship and hard work
② 麦当劳 Màidāngláo：Mcdonalds

第十二课　读万卷书　行万里路

课文一：会话　Huìhuà　Dialogue

读万卷书　行万里路

山本：　罗兰，这次的语言实践活动怎么样？

罗兰：　好极了。哎，你怎么没有跟我们一起去呢？

山本：　咳，别提了，本来我是要去的。但是，我们公司老板要来中国，非要我陪同不可，跟我们这次活动的时间正好冲突了，所以，没去成。我感到特别遗憾。你们都去了哪些地方？

罗兰：　我们先到杭州，在杭州参观访问了三天，然后又去了绍兴和上海，在上海游览了三天，又坐车去了苏州。我告诉你，杭州和苏州的风景简直美极了。

山本：　"上有天堂，下有苏杭"嘛。

第十二课　读万卷书　行万里路

罗兰：在杭州去看了岳王庙。参观了苏东坡纪念馆。在那里，老师带我们一起大声朗诵了苏东坡的《明月几时有》。游览西湖那天，早上起来就下起了小雨，我心想，糟了，偏偏赶上这么一个坏天气，可是，老师却说，雨中游西湖，别有一番情趣，也是很难得的。我们不是学过一首苏东坡描写西湖的诗吗？

山本：是。"水光潋滟晴方好，山色空蒙雨亦奇。欲把西湖比西子，淡妆浓抹总相宜。"

罗兰：对，对。那天我们就是在蒙蒙细雨中游览的西湖，感觉真的很好。西湖的风光真的很迷人。跟诗中说得完全一样，"山色空蒙雨亦奇"。

山本：其实，你说的这几个地方我都去过。记得上学期老师教过我们《枫桥夜泊》那首诗，所以去年寒假我就专门去了一趟苏州，到苏州以后，我还特地去参观了寒山寺。哎，你说去了绍兴，绍兴怎么样？

罗兰：绍兴这个地方可以说是人杰地灵。在那里我们主要参观了鲁迅的故居和博物馆。还去了书圣王羲之描写过的书法胜地——兰亭。这次语言实践，我们不仅看到了江南美丽的自然风光，还实地考察了各地不同的风俗民情，学到了很多书本上学不到的知识。更重要的是通过跟中国人谈话，提高了听说能力。

山本：我也有同感，学习汉语，一方面要在课堂上听老师讲解，跟老师学习。另一方面还要到实际生活中去，跟中国人接触，用汉语进行交际，这样才能更好地提高语言能力。

罗兰："读万卷书，行万里路"，说的就是这个道理。读书是学习，使用也是学习，而且是更重要的学习。

山本：你别说了。我真后悔没能跟你们一起去。

第十二课 读万卷书 行万里路

一 生词 Shēngcí New words

1. 卷　　　（量）　juàn　　volume
2. 实践　　（动）　shíjiàn　put（one's view）into practice; practice
3. 非……不可　　fēi…bùkě　expressing a sense of necessity
4. 陪同　　（动）　péitóng　accompany

5. 冲突	（动）	chōngtū	contradiction 时间冲突：time clash
6. 纪念	（动）	jìniàn	commemorate
7. 朗诵	（动）	lǎngsòng	read aloud with expression; recite
8. 偏偏	（副）	piānpiān	only; but; just
9. 赶上		gǎnshàng	catch up with
10. 别	（副）	bié	other; another
11. 情趣	（名）	qíngqù	emotional appeal; interest
12. 潋滟	（形）	liànyàn	billowing; rippling
13. 方	（副）	fāng	just; only just
14. 西子	（名）	Xīzǐ	name of a famons beauty during the Spring and Autumn Period, synonym to beauty, also 西施 Xī Shī
15. 淡妆	（名）	dànzhuāng	wearing less make-up
16. 抹	（动）	mǒ	apply; put on
17. 宜	（动）	yí	suit; appropriate
18. 蒙蒙	（形）	méngméng	drizzly; misty; 蒙蒙细雨：fine drizzle
19. 细	（形）	xì	fine
20. 特地	（副）	tèdì	on purpose; specially
21. 人杰地灵		rén jié dì líng	place renowned for being the

				birthplace of persons of great merits
22.	故居	（名）	gùjū	former residence (or home)
23.	胜地	（名）	shèngdì	famous scenic spot
24.	实地	（名）	shídì	on the spot; field
25.	民情	（名）	mínqíng	conditions of the people
26.	同感	（名）	tónggǎn	same feeling (or impression)
27.	接触	（动）	jiēchù	come into contact with; interact with
28.	使用	（动）	shǐyòng	use; make use of

专名 Zhuānmíng   Proper nouns

1.	杭州	Hángzhōu	Hangzhou (in Zhejiang province)
2.	苏州	Sūzhōu	Suzhou (in Jiangsu province)
3.	岳王庙	Yuèwáng Miào	Yuewang temple
4.	苏东坡	Sū Dōngpō	name of a person
5.	寒山寺	Hánshān Sì	Hanshan temple (in Jiangsu province)
6.	王羲之	Wáng Xīzhī	name of a person

二 注释 Zhùshì Notes

(一) 西湖

西湖位于浙江省杭州市,是中国有名的风景名胜,周围青山环抱,湖光山色,风光秀丽。

(二) 水光潋滟晴方好,山色空蒙雨亦奇。欲把西湖比西子,淡妆浓抹总相宜

这是宋代文学家苏轼(东坡)的一首描写西湖的诗,题目是:"饮湖上,初晴后雨"。诗的大意是:晴天的西湖,水面上波光闪动,风景才显得好看,但是,雨中的西湖,周围的山被云雾笼罩,迷迷茫茫的,也有它的妙处。我想把西湖比作美女西施,不论是淡雅的装束还是浓艳的打扮,对西湖来说,都合适,都好看。

(三) 西子

西子即西施。是春秋末期越国的美女。

(四) 《枫桥夜泊》

这是唐代诗人张继的一首诗。诗中描写了苏州城外寒山寺附近秋天的夜景。(全诗见下面"诗词朗读")

(五) 特地

副词"特地"表示专为某件事。在句中用在动词前面作状语。例如:

(1) 到苏州以后，我还特地去参观了寒山寺。

(2) 我来中国以后，父母不放心，还特地来了一趟，看我在这里生活学习得很好，才满意地回去了。

(3) 读了这本书，他特地去中国拜访了这本书的作者。

(六) 读万卷书，行万里路

read ten thousand books and travel ten thousand li

这句话的意思是，要学得真正的知识，既要多读书，同时也要多实践，多去各地走走看看，接触社会，接触实际，了解国情，了解人民。

三 练习 Liànxí Exercises

(一) 语音 Speech sound

1. 听一听，说一说，体会每组发音的不同

Listen and practice, and distinguish the differences

| 实践 shíjiàn | 纪念 jìniàn |
| 时间 shíjiān | 几年 jǐnián |

| 情趣 qíngqù | 实地 shídì |
| 轻取 qīngqǔ | 师弟 shīdì |

| 接触 jiēchù | 使用 shǐyòng |
| 杰出 jiéchū | 实用 shíyòng |

2. 诗词朗读　Read aloud the following poem

枫　桥　夜　泊
Fēng　Qiáo　Yè　Bó

（唐）　张　继
(Táng)　Zhāng Jì

月 落 乌 啼 霜 满 天，江 枫 渔 火 对 愁 眠。
Yuè luò wū tí shuāng mǎn tiān, jiāng fēng yú huǒ duì chóu mián.

姑 苏 城 外 寒 山 寺，夜 半 钟 声 到 客 船。
Gūsū chéng wài Hánshān Sì, yè bàn zhōngshēng dào kèchuán.

（二）朗读下列词语　Read aloud the following words and phrases

语言实践　　社会实践　　工作实践　　实践出真知
非去不可　　非让我陪同不可　　非买不可
非把汉语学好不可
时间上冲突　　工作上有冲突　　两国有冲突
偏偏赶上下雨　偏偏手机没电了　偏偏当时你不在
别有情趣　　别有风味　　别有用心　　别有一番滋味
特地来迎接　　特地去看望　　特地来中国看我
接触实际　　　接触社会　　　双方正在接触

（三）选词填空并熟读下列句子

Choose the right words to fill in the blanks then read aloud the following sentences

| 冲突 | 蒙蒙 | 别 | 实践 | 赶上 |
| 接触 | 偏偏 | 纪念 | 民情 | 陪同 |

1. 组织留学生去各地进行语言_____是帮助他们学好汉语，了解中国的一项非常好的教学活动。

2. 为了_____鲁迅先生，他的家乡绍兴人民为他建了这座博物馆。

3. 我们国家的总理正在中国访问，_____总理访问的有外交部长、商务部长等。

4. 因为我要参加国内大学的一个考试，时间正好跟这次语言实践活动____，所以没有去成。

5. 早不下，晚不下，_____在我们要出发的时候下这么大的雨。

6. 昨天晚上我没有_____末班车，所以只好坐出租车回来。

7. 雪中爬长城，真的_____有一番情趣。

8. 在_____细雨中，西湖显得更加美丽迷人。

9. 这次活动使我们留学生实地考察了中国南方的风俗_____。

10. 多_____中国社会，多了解中国人民，对我们学好汉语非常有益。

（四）完成句子 Complete the following sentences

1. 昨天，我刚想给你打电话，_____。 （偏偏）
2. 妈妈不同意姐姐去外国留学，可是_____。 （偏偏）
3. 我不让爸爸到机场送我，可是_____。 （非……不可）
4. 我在大学学的专业是中国历史，所以_____。 （非……不可）
5. 我这次来，_____。 （特地）
6. 我马上要出国了，今天是_____。 （特地）

（五）回答问题 Answer the following questions

1. 你们进行过语言实践活动吗？你有什么感想和体会？

_____。

2. "读万卷书,行万里路"是什么意思？你赞成这个观点吗？

   _____。

3. 课文中提到的这些地方你去过没有？如果去过，你最喜欢哪个地方？

   _____。

4. "读书是学习，使用也是学习，而且是更重要的学习。"你同意这个看法吗？如果同意，怎么指导自己的汉语学习？

   _____。

5. 关于苏州、杭州和绍兴，关于苏轼、王羲之和鲁迅的情况，请你选择其中一个，上网查一查，然后口头向老师和同学们报告，好吗？

   _____。

6. 这个假期你打算去旅行吗？请说说你的旅行计划。

   _____。

（六）说出下列句子的使用语境 (要求脱离课文，自己设置)

Describe the situations of the following sentences

1. 糟了。

2. 要读万卷书，行万里路。

3. 咳，别提了。

课文二：短文 Duǎnwén Text

一、朗读 Read aloud

丽江游

寒假的时候，我和女朋友一起去云南旅行，这次旅行给我印象最深的地方就是丽江。

丽江是很多外国人向往的地方。没有城墙的城——丽江古城，没有污染的自然风景——虎跳峡，还有耳边不时传来的那动听的古乐声。

我们俩的辅导老师也是一对恋人，这个寒假他们打算去云南丽江旅行，我听了他们对丽江的介绍以后，就决定跟他们一起去。这样，一来路上可以相互照应，二来我们随时可以跟老师聊天，练习口语，而且是免费辅导。准备好以后，一月中旬我们出发了。

到了丽江，我们先游览了丽江古城。这座古城建于元代，至今差不多已有800年的历史了。这里是中国的少数民族之一——纳西族聚居的地方。石板铺成的古老的街道，街巷里不时可见溪水淙淙，古老的建筑雕刻，美观雅致。纳西人非常喜欢花木，街巷中，庭院内，到处种有奇花异草。我们边走边看，远处还不时传来阵阵纳西古乐声。在玉龙雪山的映衬下，丽江古城显得格外秀丽多姿，难怪这里被联合国列为世界文化遗产。

第二天一早，我们乘车向玉龙雪山进发。玉龙雪山位于丽江县城西北，主峰海拔5596米，山顶终年积雪。不同的高度分布着不同的植物景观。到了玉龙雪山下，我们决定乘缆车登山。先从山脚下坐公共汽车到海拔3356米的半山腰。然后坐缆车爬到海拔4506米高的地方。为了预防高山反应，我们租了一瓶氧气，然后再继续往上爬。上去以后，放眼一望，阳光下晃眼的万年积雪，随风飘来的片片雪花，风景美极了。我们尽情地呼吸着新鲜空气，不禁连声赞叹，同时不停地按动快门，把眼前的美景收入镜头之中。

丽江最有名的旅游景点之一是虎跳峡。它位于玉龙雪山和哈巴雪山的中间，是世界上最深的峡谷之一，风景秀美，天下少有，所以来这里游览的人络绎不绝。午饭后，我们便去登山。这时迎面过来一位马夫，他说："你们骑马上去吧。"我一听，心动了一下，想骑马，可是，马夫的一句话刺激了我，让我放弃了骑马的念头。他说："你太重了，看起来有八十多公斤，不骑马的话，肯定爬不上去的。"我一听，很不服气，决定不骑他的马了，非要争口气，自己爬上去不可。

刚开始的时候我很自信，步履矫健，劲头十足。但一个小时以后，我就全身冒汗，每走几步就得停下来喘喘气，休息一会儿。终于登上了山顶。极目远望，眼前的美景，美不胜收。我索性躺在山上，静静地看着玉龙雪山，让身心与自然交融。

游丽江除了享受它美丽的风景之外，我们还欣赏了丽江特有的纳西族音乐，观看了传统的少数民族舞蹈，更让我们感动的是当地人的朴实、热情和亲切。我女朋友说，这是她今生最美妙的一次旅行。

是啊，丽江行让我们终生难忘。

二、生词　New words

1.	照应	（动）	zhàoying	look after
2.	聚居	（动）	jùjū	inhabit (a region)
3.	石板	（名）	shíbǎn	flagstone
4.	铺	（动）	pū	pave a road; paving
5.	溪水	（名）	xīshuǐ	brook; rivulet
6.	淙淙	（象）	cóngcóng	(onom) gurgling
7.	雕刻	（动）	diāokè	carve
8.	美观	（形）	měiguān	beautiful; pleasing to the eye
9.	雅致	（形）	yǎzhì	look beautiful in an ingenious way
10.	庭院	（名）	tíngyuàn	courtyard in front of the main building
11.	奇花异草		qí huā yì cǎo	exotic flowers and rare grass
12.	映衬	（动）	yìngchèn	set off by contrast
13.	秀丽	（形）	xiùlì	beautiful

14.	多姿	（形）	duōzī	poly posture
15.	遗产	（名）	yíchǎn	legacy
16.	进发	（动）	jìnfā	set out; start
17.	海拔	（名）	hǎibá	elevation
18.	缆车	（名）	lǎnchē	cable car; cableway
19.	反应	（名）	fǎnyìng	reaction
20.	氧气	（名）	yǎngqì	oxygen
21.	晃眼	（形）	huǎngyǎn	dazzling
22.	赞叹	（动）	zàntàn	gasp in (or with) admiration; highly praise
23.	峡谷	（名）	xiágǔ	gorge
24.	络绎不绝		luòyì bù jué	in an endless stream
25.	马夫	（名）	mǎfū	groom
26.	刺激	（动）	cìjī	stimulate; upset
27.	争气		zhēng qì	fight to excel
28.	步履	（名）	bùlǚ	walk
29.	矫健	（形）	jiǎojiàn	strong and vigorous
30.	喘气		chuǎn qì	breathe; breathe deeply
31.	极目	（动）	jímù	stretch one's eyes to look after
32.	美不胜收		měi bú shèng shōu	too many beautiful things for the eye to behold
33.	舞蹈	（名）	wǔdǎo	dance
34.	朴实	（形）	pǔshí	sincere and elegant manner

专名 Proper nouns

1. 丽江　　　Lì Jiāng　　　　Lijiang (in Yunnan province)
2. 虎跳峡　　Hǔtiào Xiá　　　Hutiaoxia (in Yunnan province)
3. 元代　　　Yuándài　　　　Yuan Dynasty（1206—1368）
4. 纳西族　　Nàxīzú　　　　 Naxis, a Chinese minority ethnic people inhabiting Yunnan and Sichuan provinces
5. 玉龙雪山　Yùlóng Xuěshān　Yulong mountain（in Yunnan province）

三、回答问题　Answer the following questions

1. 寒假的时候,"我"和女朋友一起去什么地方旅行了?

2. "我们"为什么去丽江旅行?

3. 丽江在什么地方?那里的风景怎么样?

4. "我们"是怎么爬上玉龙雪山的?玉龙雪山的风景怎么样?

5. 虎跳峡在什么地方?"我"为什么不骑马上去?

6. "我"对这次旅行的印象怎样?

四、复述　Repeat this text

做　胸　透①

我一同事刚一上 X 光机,医生就大呼小叫地召唤其他几位医生:"快来,快来,我干了二十年了,今天总算碰上一个,看,心脏是不是长右边了!"

"还真是,哎!"众大夫看了便随声附和着。

这时,我同事从 X 光机后扭过头来胆怯地问:"不能吧,怎么没人跟我说过呢?"

"笨,谁让你背对着我?给我转过来!"

晕倒一片!

注释:

① 胸透 xiōngtòu：thoracic X-ray examination

第十三课 自学也能成才

课文一：会话 Huìhuà Dialogue

自学也能成才

（留学生林德来向老师请教一个问题）

林德：老师，我能不能占用您一点时间，有个问题想请教您。

老师：什么问题，你说吧。

林德：这个学期一结束我就该回国了，可是，我特别想继续学下去。想去北大、清华或者北师大继续深造，但是，您知道，以我的家庭经济状况，如果得不到奖学金，是不可能继续学下去的，所以心里很不安，不知道该怎么办才好？

老师：不可以继续申请吗？

林德：可以是可以。不过，以个人的名义申请，很难成功。即使能得到一些大学的奖学金，因为钱很少，也不足以支持我再学一年，所以，搞得我最近挺苦恼的。

老师：如果不能在中国这些大学继续学习，也不要气馁，回国以后也要坚持学习。毕竟成才的路不是只有一条，"条条大路通北京"嘛。不知道你打算将来做什么？

林德：我想当汉语教师。

老师：好啊。只要确定了自己的奋斗目标，就下定决心，坚持不懈地学下去。俗话说，"书山有路勤为径，学海无涯苦作舟"。我们不是学过华罗庚的故事吗？他在那么艰苦的条件下，坚持自学，凭着不懈地努力，终于成了一名杰出的数学家。其实，很多成功人士走的都是自学的路。

林德：我也是这么想的。老师，您看，我该在哪些方面努力呢？

老师：你现在听和说已经达到了比较高的水平，以后要特别注意提高读写能力。要多读书，还要勤写作，进一步加强文化方面的修养，使自己尽快取得汉语教师的资格。

林德：我自己自学的话，应该读哪些书呢？

老师：除了继续阅读汉语语音、语法、词汇等方面的书籍之外，我建议你尽量多读一些现当代著名作家的作品，同时还要多关心和了解中国的历史与现实。另外，最好读一些中国的古典名著，像小说、散文和诗词等。这样，一方面可以增加文化知识，提高对中文的理解能力，另一方面，也能逐步提高你的鉴赏能力和写作能力，对你将来当汉语教师是非常有益的。

林德：老师，您可以给我开个书目吗？

老师：当然可以。不过，仅供参考。

一 生词 Shēngcí New words

1. 自学成才		zì xué chéng cái	be self-taught
2. 占用	(动)	zhànyòng	occupy
3. 状况	(名)	zhuàngkuàng	condition; state
4. 名义	(名)	míngyì	name
5. 足以	(动)	zúyǐ	enough; sufficiently

6. 支持	(动)	zhīchí	sustain; hold out; bear
7. 尽量	(副)	jǐnliàng	to the best of one's ability; as far as possible
8. 气馁	(动)	qìněi	lose heart
9. 确定	(动)	quèdìng	make certain; make sure
10. 坚持不懈		jiānchí búxiè	persistent; unremitting; persevering
11. 奋斗	(动)	fèndòu	strive; struggle
12. 勤	(形)	qín	diligent; hardworking
13. 径	(名)	jìng	way; method
14. 学海	(名)	xuéhǎi	sea of learning
15. 无涯	(动)	wúyá	boundless; limitless
16. 舟	(名)	zhōu	boat
17. 杰出	(形)	jiéchū	outstanding
18. 写作	(动)	xiězuò	write
19. 加强	(动)	jiāqiáng	strengthen; enhance
20. 修养	(名)	xiūyǎng	accomplishment; training
21. 书籍	(名)	shūjí	books; works
22. 当代	(名)	dāngdài	present age; contemporary time
23. 古典	(形)	gǔdiǎn	classical

24. 名著	（名）	míngzhù	masterpiece; classic
25. 散文	（名）	sǎnwén	prose
26. 鉴赏	（动）	jiànshǎng	appreciate (works of art, relics, etc.)
27. 有益	（形）	yǒuyì	profitable; beneficial
28. 书目	（名）	shūmù	book list
29. 仅供参考		jǐn gōng cānkǎo	for reference only

专名 zhuānmíng Proper nouns

| 华罗庚 | Huà Luógēng | name of a person |

二 注释 Zhùshì Notes

（一）以

介词"以"表示按照。在句中与其宾语组成介词词组，作状语。例如：
(1) 您知道以我的家庭经济状况，如果得不到奖学金，是不可能继续学下去的。

(2) 以他现在的汉语水平，拿到 HSK 中级证书没有什么问题。

(3) 要以自己的实际情况，制定学习计划，确定自己的奋斗目标。

(二) 足以

动词"足以"表示完全可以，完全能够。否定时用"不足以"。例如：

(1) 即使能得到一些大学的奖学金，但是因为钱很少，不足以支持我再学一年。

(2) 有这一千多块钱就足以应付一个月了。

(3) 这一年的留学经验足以证明我完全可以独立生活。

(三) 条条大路通北京

all road lead to Beijing；there are many different ways of reaching a goal

谚语。意思是：到达目的地的道路不只一条，有很多条。比喻通向成功的道路有很多条。常用来提醒别人，不要拘泥于一种方法，而要开阔思路，找到其他的方法。

(四) 尽量

副词"尽量"表示努力达到最大的限度。在句中作状语。例如：
(1) 我建议你尽量多读一些现、当代著名作家的作品。
(2) 课文要尽量能背说下来，这样对提高口语能力非常有好处。
(3) 中级阶段除了继续提高口语能力之外，要尽量加强读写练习。

(4) 你放心吧，我们会尽量满足你的要求。

三 练习 Liànxí Exercises

(一) 语音 Speech sound

1. 听一听，说一说，体会每组发音的不同
   Listen and practice, and distinguish the differences

   名义　　míngyì
   名誉　　míngyù

   写作　　xiězuò
   协作　　xiézuò

   有益　　yǒuyì
   优异　　yōuyì

   支持　　zhīchí
   咫尺　　zhǐchǐ

   书籍　　shūjí
   书记　　shūjì

   书目　　shūmù
   树木　　shùmù

2. 诗词朗读 Read aloud the following poem

   泊　船　瓜　州
   Bó Chuán Guāzhōu

   (宋)　王　安　石
   (Sòng) Wáng Ān shí

   京口　瓜州一　水间，钟山只隔数重山。
   Jīngkǒu Guāzhōu yì shuǐ jiān, Zhōngshān zhǐ gé shù chóng shān.

   春风　又绿江　南岸，明月　何时　照我　还。
   Chūnfēng yòu lǜ jiāng nán àn, míngyuè héshí zhào wǒ huán.

（二）朗读下列词语　Read aloud the following words and phrases

经济状况　　生活状况　　身体状况

以个人的名义　　以学校的名义　　以公司的名义

足以应付　　足以证明　　足以说明

尽量帮助　　尽量努力　　尽量做到

确定目标　　确定方向　　确定专业

书山有路勤为径，学海无涯苦作舟

加强修养　　加强锻炼　　加强训练

最好检查检查　　最好去医院看看　　最好坐火车去

（三）选词填空并熟读下列句子　Choose the right words to fill in the blanks then read aloud the following sentences

| 坚持不懈 | 鉴赏 | 写作 | 气馁 | 无涯 |
| 作品 | 尽量 | 加强 | 足以 | 目标 |

1. 这些事实就_____证明，这件事不是他干的。
2. 能自己做的事情就自己做，_____不要给别人添麻烦。
3. 一次没考上也不要_____，下次再考。
4. 对于年轻人来说，尽快确定自己的人生_____非常重要。
5. 有了自己的人生目标，只要_____地干下去，就有成功的希望。
6. 人生有限，而学海_____，如果什么都想学，什么也学不好。应该选择自己最感兴趣的专业，勤奋刻苦地学下去，这样才可能成功。

7. 在提高听说能力的同时，还要_____读写能力的训练，使听说读写的水平都得到提高。

8. 要提高中文写作能力就要多读多写，尤其要多读一些现当代著名作家的_____。

9. 对于外国留学生来说，到了中级阶段，在进一步提高对中文文章的阅读理解能力的同时，还要不断提高对中文文章的_____能力。

10. 建议同学们注意学习用中文_____，要坚持写日记，写自己的所见、所闻、所思、所想，只有掌握了口头和书面这两种表达能力，才算真正学好了汉语。

（四）完成句子 Complete the following sentences

1. 我现在利用课余时间在外边打工，一个月只能挣到八百多块钱，_____。　（不足以）
2. 我看你的脸色不太好，是不是哪儿不舒服，_____。　（最好）
3. 这个问题我也不知道怎么回答，咱们_____。　（最好）
4. 以你现在的汉语水平，_____。　（还）
5. 要使自己的汉语口语提到一个新水平，应该_____。　（尽量）
6. _____，还要多读多写。　（除了……以外）

（五）回答问题 Answer the following questions

1. 你相信"自学也能成才"的说法吗？能不能举个自学成才的例子？
   _____。

2. 你申请过奖学金吗？是怎么申请的？
   _____。

3. "条条大路通北京"是什么意思？这句话对我们有什么意义？
   _____。

4. "书山有路勤为径，学海无涯苦作舟。"是什么意思？

   _____。

5. 你平常喜欢读书吗？喜欢读哪方面的书？

   _____。

6. 你对自己的将来是怎么设计的？能给大家说说吗？

   _____。

（六）说出下列句子的使用语境（要求脱离课文，自己设置）
Describe the situations of the following sentences

1. 我劝你千万不要气馁。

2. 这件事搞得我最近挺苦恼的。

3. 相信你一定能通过艰苦奋斗，实现自己的人生目标。

课文二：短文　Duǎnwén　Text

一、朗读　Read aloud

华 罗 庚

　　1910年11月12日，华罗庚生于江苏省金坛县。他家境贫穷，但聪明好学。上中学时，在一次数学课上，老师给同学们出了一道难题："现在，有一样东西，不知道数目，但，知道三个三个数的话，余二。五个五个数的话，余三。七个七个数的话，余二。问这个东西到底有多少？"大家正在思考时，华罗庚站起来说："23"。他的回答使老师惊喜不已，大大称赞了他一番。从此，他喜欢上了数学。

可是，这个聪明的孩子，读完中学以后，因为家里贫穷，就失学了。他回到家里，在自家的小杂货店做生意，卖点香烟、针线之类的东西，替父亲挑起了养活全家的担子。然而，华罗庚仍然酷爱数学。不能上学，就想办法自学。一次，他跟老师借来了几本数学书，一看便入了迷。从此，他一边做生意、算账，一边学数学。有时看书看得入神，人家买东西他也忘了招呼。晚上，店铺关门以后，他更是一心一意地在数学王国里尽情漫游。差不多每天都要花十几个小时，钻研那些借来的数学书。有时睡到半夜，想起一道数学难题的解法，他就翻身起床，点亮小油灯，把解法记下来。

正在他发奋自学时，灾难从天而降，他得了可怕的伤寒，被医生判了"死刑"。然而，他竟然奇迹般地活了过来，但左腿却落下了终生残疾。

华罗庚凭着坚持不懈的努力，刻苦自学，1930年，二十岁的华罗庚发表了一篇数学论文，震动了中国数学界，使很多人对他刮目相看。清华大学数学系主任熊庆来教授发现了这个数学天才，便邀请他来到清华大学。连中学毕业文凭都没有的华罗庚被聘为清华大学的教师，这在清华的历史上是破天荒的。

在熊庆来等著名数学家的指导下，华罗庚在学术上不断进步。

当时中国的数学界，能在国外发表数学论文的人并不多。而华罗庚一次寄出去三篇论文，都在国外的刊物上发表了。这在清华也是创记录的。

1936年，华罗庚留学英国剑桥大学。1948年应美国一所大学的邀请，他又去美国任教。

新中国成立后，他毅然放弃优越的工作和生活条件，携带妻儿回国，担任清华大学数学系教授。后来，还担任了中国科学院数学研究所所长。

华罗庚十分重视把数学理论应用到生产实践中去，并亲自组织和推广"优选法"、"统筹法"等，使这些科学的方法在中国社会主义现代化建设中显示出了巨大的威力。华罗庚一生勤奋耕耘，共发表200余篇学术论文和10部专著。

华罗庚是一位没有大学毕业文凭的数学家。他为青年树立了自学成才的榜样。他说："不怕困难，刻苦学习，是我学好数学最主要的经验。所谓天才就是靠坚持不懈的努力。"

作为一位教育家，华罗庚像当年熊庆来教授一样，培养了一大批卓越的数学家。

1985年6月12日，华罗庚在日本讲学时，因突发心肌梗塞而倒在了讲台上。

二、生词　New words

1. 家境　　　（名）　jiājìng　　　　family's financial situation
2. 贫穷　　　（形）　pínqióng　　　poor
3. 惊喜不已　　　　jīngxǐ bùyǐ　　in endless happy astonishment
4. 入神　　　　　　rù shén　　　　with rapt attention
5. 漫游　　　（动）　mànyóu　　　ramble; wander
6. 发奋　　　（动）　fāfèn　　　　make determined effort
7. 伤寒　　　（名）　shānghán　　typhoid fever
8. 奇迹　　　（名）　qíjì　　　　　miracle
9. 残疾　　　（名）　cánjí　　　　deformity
10. 天才　　　（名）　tiāncái　　　genius; gifted person
11. 刮目相看　　　　guā mù xiāng kàn　treat sb. with special esteem
12. 文凭　　　（名）　wénpíng　　diploma
13. 毅然　　　（副）　yìrán　　　　resolutely; firmly
14. 优越　　　（形）　yōuyuè　　　superior; advantageous
15. 优选法　　（名）　yōuxuǎnfǎ　optimum seeking method; optimization
　　优选　　　（动）　yōuxuǎn　　select the best
16. 统筹　　　（动）　tǒngchóu　　plan as a whole
17. 威力　　　（名）　wēilì　　　　power; force

18. 勤奋	(形)	qínfèn		diligent
19. 耕耘	(动)	gēngyún		plough and weed; hard work
20. 专著	(名)	zhuānzhù		monograph
21. 榜样	(名)	bǎngyàng		example
22. 心肌	(名)	xīnjī		cardiac muscle
23. 梗塞	(动)	gěngsè		infarction

专名 Proper nouns

1. 江苏省	Jiāngsū Shěng	Jiangsu province
2. 金坛	Jīntán	name of a place
3. 清华大学	Qīnghuá Dàxué	Tsinghua University
4. 熊庆来	Xióng Qìnglái	name of a person

三、回答问题 Answer the following questions

1. 华罗庚的家境怎么样？

2. 上中学时，老师出了一道什么数学题？

3. 华罗庚得了一场什么病？

4. 华罗庚是怎么让数学界对他刮目相看的?

5. 谁发现了华罗庚并把他请到了清华大学?

6. 华罗庚取得了哪些成就?

7. 从华罗庚身上我们可以学到些什么?

四、复述 Repeat this text

美女与野兽①

我的一位同事带女友去看电影《美女与野兽》。这家影院正在一层和二层两个影厅同时放映两部不同的片子,由检票员告诉观众该去哪一层。当我的同事和女友走进影院时,检票员看了一眼他们的票,然后说:"美女与野兽,请上二楼。"

注释:
① 野兽 yěshòu:wild animal

第十四课　何必非要"门当户对"

课文一：会话　Huìhuà　Dialogue

何必非要"门当户对"

（白雪发现自己的好朋友小瑶最近不太开心，原来她的婚恋遇到了麻烦，正为此而烦恼……）

白雪：怎么了，小瑶，最近总像霜打了一样，蔫蔫的。是不是男朋友欺负你了？

小瑶：咳，一言难尽。男朋友倒没有欺负我，可他父母不同意我们交往。

白雪：为什么？

小瑶：他们认为我们两家，门不当，户不对。怕结婚以后一起生活会遇到麻烦。

白雪：他父母是干什么的？现在都什么时代了，怎么还有这种门当户对的陈旧观念。两个人相爱就行了，何必非

207

要"门当户对"。

小瑶：他父母都是大学老师，知识分子，所以觉得找一个普通工人家庭出身的女孩子，挺没面子的。

白雪：真是的。亏他父母还是大学老师呢，怎么这么看不起工人子女。

小瑶：其实，有些知识分子的传统观念比一般人还重。

白雪：关键是你男朋友怎么看。

小瑶：他倒很坚定，为这还跟他父母吵了一架。看到这种情况，我更觉得为难。

白雪：为难什么？只要你们两情相悦，两相情愿，就别怕家长干涉。将来是你们在一起生活，又不是跟他父母一起过。

小瑶：话虽这么说，但如果因此而让两位老人伤心，我心里也不好受。所以，我还是觉得应该耐心等待。希望通过自己的努力，让他们接受我，毕竟他们不是糊涂人。

白雪：你可真能忍。他们还不糊涂啊，如果这还不算糊涂，那这世界上恐怕就再也没有糊涂人了。再说了，谁不说咱们小瑶是个百里挑一的好女孩儿啊。冰清玉洁，秀外慧中。我要是个男人，非把你追到手不可。

小瑶：你又拿我开心。

白雪：让你开心还不好啊。我可不愿意整天看到你愁眉苦脸的样子。而且我说的也是真心话啊。

第十四课 何必非要"门当户对"

一 生词 Shēngcí New words

1. 何必	（副）	hébì	[used in rhetorical questions] there is no need; why
2. 门当户对		mén dāng hù duì	be well-matched in social and economic status (for purposes of marriage)
3. 烦恼	（形）	fánnǎo	upset; worried; vexed
4. 霜	（名）	shuāng	frost
5. 蔫	（形）	niān	(of flowers, plants, fruits, etc.) wilt; wizen; desiccate; depressed; in low spirit
6. 一言难尽		yì yán nán jìn	it's hard to explain in a few words; it's a long story
7. 欺负	（动）	qīfu	bully
8. 陈旧	（形）	chénjiù	old; outdated
9. 面子	（名）	miànzi	reputation; face; prestige
10. 真是	（动）	zhēnshi	(used in complaints) really; indeed
11. 亏	（动）	kuī	[expression of irony]
12. 子女	（名）	zǐnǚ	children; sons and daughters
13. 坚定	（形）	jiāndìng	(of stand, opinion, will, etc.) firm; steadfast

14. 两情相悦		liǎng qíng xiāng yuè	be in love with each other
15. 两相情愿		liǎng xiāng qíngyuàn	both parties being willing; by mutual consent; also 两厢情愿
16. 家长	（名）	jiāzhǎng	parent or guardian of a child
17. 干涉	（动）	gānshè	interfere; intervene
18. 糊涂	（形）	hútu	muddled; confused
19. 百里挑一		bǎi lǐ tiāo yī	one in hundred; cream of the crop
20. 冰清玉洁		bīng qīng yù jié	pure as jade and chaste as ice; pure and noble; also 玉洁冰清
21. 秀外慧中		xiù wài huì zhōng	(usu. of women) beautiful and intelligent
22. 开心	（动）	kāixīn	make fun of sb.; amuse oneself at sb.'s expense
23. 愁眉苦脸		chóu méi kǔ liǎn	worried look
24. 真心话	（名）	zhēnxīnhuà	sincere words; words from the bottom of one's heart

专名 Zhuānmíng Proper nouns

1. 白雪	Bái Xuě	name of a person
2. 小瑶	Xiǎo Yáo	name of a person

二 注释 Zhùshì Notes

(一) 为……而……

"为……而……"表示原因和目的。"为"是介词，后面不能加"了、着"。例如：

(1) 原来她的婚恋遇到了麻烦，正为此而烦恼……

(2) 她为参加HSK考试而参加这个补习班。

(3) 我是为开办分公司而来中国的。

(二) 何必

副词"何必"用反问语气表示不必。

(1) 两个人相爱就行了，何必非要门当户对。

(2) 在咱们学校附近找个饭店就行，何必非要到远处去吃呢。

(3) 你打个电话就可以了，何必要亲自跑一趟。

(4) 为这点儿小事生气，何必呢？

(三) 亏

动词"亏"表示不怕难为情。表示讥讽，批评和不满。常用的句式是"亏+你/他+还"或"亏+你/他+动+得……"。例如：

(1) 真是的。亏他父母还是大学老师呢，怎么这么看不起工人子女。

(2) 这点事你都不愿意帮忙，亏你还是我的朋友。

(3) 说我不够朋友，这话亏他说得出口，当初要不是我帮他，他怎么能有这个工作。

三 练习 Liànxí Exercises

（一）语音 Speech sound

1. 听一听，说一说，体会每组发音的不同
   Listen and practice, and distinguish the differences

| 何必 hébì | 欺负 qīfu |
| 合璧 hébì | 起伏 qǐfú |

| 陈旧 chénjiù | 真是 zhēnshì |
| 陈酒 chénjiǔ | 真实 zhēnshí |

| 坚定 jiāndìng | 干涉 gānshè |
| 鉴定 jiàndìng | 关涉 guānshè |

2. 诗词朗读 Read aloud the following poem

竹枝词
Zhúzhīcí

（唐） 刘 禹 锡
（Táng） Liú Yǔxī

杨柳　青青　江水平，闻　郎岸上　唱　歌声。
Yángliǔ qīngqīng jiāngshuǐ píng, wén láng àn shàng chàng gē shēng.

东边　日出　西边　雨，道　是　无　晴　却　有　晴。
Dōngbiān rìchū xībiān yǔ, dào shì wú qíng què yǒu qíng.

（二）朗读下列词语　Read aloud the following words and phrases

何必坐飞机呢　何必着急呢　何必烦恼呢　何必非要门当户对

欺负人　受欺负　大国不能欺负小国　强国不能欺负弱国

亏你说得出口　亏你还是大学生呢　亏你还是个男子汉呢

看得起看不起　看不起人　看不起我　看不起工人子女

两情相悦　两相情愿　百里挑一　秀外慧中　冰清玉洁

很开心　非常开心　不要拿我开心

（三）选词填空并熟读下列句子　Choose the right words to fill in the blanks then read aloud the following sentences

| 看不起　欺负　糊涂　何必　真心话 |
| 百里挑一　干涉　门当户对 |

1. 离寒假还有一个多月呢，你_____这么着急回国呢？

2. 传统的观念讲究婚姻要_____。

3. 国家无论大小强弱都是国际社会平等的一员，大国强国不应该_____小国弱国。

4. 你不要_____这本词典，虽然很小，对我们留学生可有用了。

5. 儿女的婚事应该由他们自己做主，家长不要也不能_____。

6. 这孩子冰清玉洁，秀外慧中，是我们单位_____的好姑娘，你千万不要再犹豫了。

7. 说_____，我还真有点儿看不起这个人，他太那个了。

8. 你真是_____，这是多么好的机会啊，你怎么放弃了。

（四）完成句子 Complete the following sentences

1. 他正在为参加 HSK 考试＿＿＿＿＿＿＿＿＿＿＿。 （而）
2. 无论怎么说，我们都应该尊重那些＿＿＿＿＿＿＿。 （为……而……）
3. 这次考试通不过，还有下次，你＿＿＿＿＿＿？ （何必）
4. 你要买的那种 MP3 播放器，咱们学校旁边的商店就有，＿＿＿＿？
　　　　　　　　　　　　　　　　　　　　　　　　　　　　　（何必）
5. 那里离这儿不远，骑车去很方便＿＿＿＿＿＿？ （何必）
6. ＿＿＿＿＿＿＿＿，连这个道理都不懂。 （亏）

（五）回答问题 Answer the following questions

1. 你有没有"像霜打了一样"的情况？为什么？
   ＿＿＿＿＿＿＿＿＿＿＿＿＿。 （报　不是……吗）

2. 你对"门当户对"的婚姻观怎么看？
   ＿＿＿＿＿＿＿＿＿＿＿。

3. 如果你遇到"小瑶"和"她男朋友"这样的情况，你会怎么办？
   ＿＿＿＿＿＿＿＿＿＿＿。

4. 从课文中，我们可以看出，小瑶是个什么样的女孩儿？
   ＿＿＿＿＿＿＿＿＿＿＿。

5. 你认为父母应该怎么对待子女的婚事？
   ＿＿＿＿＿＿＿＿＿＿＿＿＿。

6. 课文反映了部分中国家庭的情况，你们国家有没有这种情况？
   ＿＿＿＿＿＿＿＿＿＿＿＿＿。

（六）说出下列句子的使用语境（要求脱离课文，自己设置）

Describe the situations of the following sentences

1. 你怎么了，最近总像霜打了一样，蔫蔫的。

2. 真是的。亏他还是大学生呢。

3. 你又拿我开心。

课文二：短文 Duǎnwén Text

一、朗读 Read aloud

春　雨

春雨不停地下着。

我没把雨伞打开，让细雨轻轻地洒在我的脸上，好像那就是儿子的小手，暖暖的，使我心里一阵甜。

妻子带儿子回上海姥姥家了，今天回来，我到火车站来接他们。

"赵刚！"我听到有人叫，声音好熟悉。

我连忙朝前望去：一个姑娘从人群中朝我走来。

啊，是陈梅，我高中的同学，我以前深深爱过的姑娘。她，来到了我的面前。

我说不出话来，她也没有开口。我俩站在雨里，雨越下越大。

她不看我，只看着地上，轻声地问："你这是……？"

"接儿子和他妈妈。"我说。

她用美丽的眼睛看着我。

我很不自然地笑着，问她："你好吗？"

半天，她没回答。只是叹了一口气，朝四周看了一下，故作平静地说："咦，人都走完了，怎么不见他们出来？"

她的头发上开始朝下滴水，我打开伞给她挡住雨。

雨一下又一下地敲打着雨伞。

我没话找话地说："分别已经五年了。你过得还好吗？"

她没接我的话，却伸手接伞上滚下来的水珠，半天才说："水流走了，就再也捧不回来了。"

我装得很平静："过去了的事就让它过去吧，忘了它吧。"

她回过头来，看了我一眼，红着脸对我说："当初我的父母嫌你是个穷教员，你的父亲嫌我是干部的女儿。门不当，户不对。老一辈有陈旧的观念，可我们呢？我们怎么样呢？那时你为什么要退出？过去的事情难道真能忘记吗？不！爱是不能忘记的。"

"我，我……" 我说不出话来。

"爸爸，爸爸。"儿子叫着我，从街对面向我奔来，他在车流里穿来穿去。

"儿子，小心！"我喊着，妻子也在对面喊着。

儿子气喘吁吁地跑到我的面前，一脸的汗水和雨水。

我忙掏出手绢，给他擦脸。

当我直起身子时，她已经走了……

我怅然若失。

妻子慢慢走过来，轻轻地说："她回家路远，这么大的雨，你去送送她吧。"

听了妻子的话，我心里一热，多么善良的女人。我赶紧向前奔去，可跑了两步又停住了。过去的事难以忘记，但为了妻子和孩子，也为了她，我只能说："对不起了，陈梅。"

我回来站到妻子的伞下，妻子看了我一眼，没再说话。我抱起儿子，妻子打着伞，我们三个人，往家走去。

雨，还在下。

二、生词 New words

1. 故作平静		gù zuò píngjìng	pretend to be calm
2. 挡	(动)	dǎng	shelter；挡雨：shelter from the rain
3. 敲打	(动)	qiāodǎ	knock；beat
4. 捧	(动)	pěng	hold in both hands
5. 气喘吁吁		qì chuǎn xūxū	pant
6. 手绢	(名)	shǒujuàn	handkerchief
7. 怅然若失		chàngrán ruò shī	feel depressed and lost

专名　　　　　　　　　　　　　　　　Proper nouns

1. 赵刚　　　Zhào Gāng　　　　　name of a person
2. 陈梅　　　Chén Méi　　　　　name of a person

三、回答问题　　Answer the following questions

1. 故事发生在什么季节？这天天气怎么样？

2. "我"去车站干什么？

3. "我"在车站遇见了谁？

4. 陈梅跟"我"是什么关系？

5. "我"和陈梅为什么没有成为夫妻？

6. "我"为什么想送陈梅，最后又没去送？

四、复述　　Repeat this text

就差 2

　　张三是一所大学的足球教练,他总是尽力去找好的球员。但是,好球员的学习成绩通常都不好,校方一般不愿录取。

　　有一天,教练带着一个优秀的球员去见校长,希望学校同意他免试入学。经过一番劝说后,校长说:"我最好先问他几个问题。"然后,他问这个学生了几个非常简单的问题。可是学生一个都答不上来。最后,校长说:"好吧,那五乘七等于多少?"

　　学生考虑了很久,最后回答道:"三十六。"校长摊开双手,无可奈何地看了看教练。可教练认真地说:"噢,录取他吧,校长,他的答案与正确答案就差 2。"

第十五课 应聘面试

课文一：会话 Huìhuà *Dialogue*

应聘面试

（苏克文在语言大学学了两年，她想留在中国工作，听说一家公司想招聘一位外籍经理，就来应聘了……）

A：欢迎你！

苏克文：谢谢。

A：请简要地介绍一下你自己。

苏克文：我叫苏克文，苏东坡的苏，克服困难的克，文化的文。我是新西兰人，是语言大学汉语进修班的学生。

A：你为什么对这个工作感兴趣？

苏克文：因为我听说你们跟新西兰有业务关系，而我是新西兰人，又在中国学习生活了两年，既了解新西兰的情况，又比较了解中国的情况。最重要的是，我在中国这两年使我越来越喜欢中国。我想通过努力，为贵公司开拓业务，同时也希望能留在中国。

A： 你的优势是什么？

苏克文： 我在简历里已经写了。我大学毕业以后曾经在一家知名的跨国公司 NDC 工作过三四年，做到部门经理。后来因为实在太喜欢汉语，才辞职来留学的。虽然我是学生，但我有一定的工作经验。

A： 你最大的弱点呢？

苏克文： 我最大的弱点是汉语还没有中国人说得那么好，阅读和写作能力也不太高。所以我希望在中国工作的另一个目的就是，我要使自己能经常说美丽的汉语，进一步提高我的阅读和写作水平。如果我能成为你们的职员，你们也会希望我这样做的，对不对？我不是一个偷懒的人。

A： 为什么你认为自己适合这个职位？

苏克文： 因为我看过你们公司的介绍，我想如果让我来担任销售经理的话，我会把贵公司的产品推到整个大洋洲乃至欧美各国去。我相信自己有条件也有这个能力。

A： 你的简历上有些什么值得特别关注的？

苏克文： 我认为我简历上最值得你们关注的就是我对中国的

关注。为了了解中国，两年来，我利用寒暑假，去过很多地方。作为一名大学生志愿者，我去过大西北，在甘肃农村中学教过英语，在内蒙古沙漠种过树。这些经历也是我希望留在中国的主要原因，因为我觉得在这里我还有很多事情要做。

A：你有哪些兴趣爱好？

苏克文：我的爱好是旅游。兴趣嘛，我对中国发生的一切都感兴趣，但主要还是研究中国的经济。

A：你的朋友和家人是怎么评价你的？

苏克文：我爸爸对我的评价是有一股拼命精神。我二十六岁才开始学习汉语，一学就放不下，非学好不可。但是我毕竟年纪偏大，比起同学们，我没有他们的记忆力好。但是，我很努力。老师也说，我的汉语口语在班上是数得着的。至于朋友的评价嘛，同学们都叫我大姐。

A：你争取成功的动力是什么？

苏克文：我的动力是我想干点儿事，我不想庸庸碌碌，无所作为地过一生，我想让自己的人生有更多的经历，更加丰富多彩。

A：你觉得对你影响最大的人是谁？

苏克文：对我影响最大的人一个是我的父亲，一个是我的老师。我特别感到幸运的是，来中国以后，遇到了一位好老师，他的学识与人品，对我影响很大。我所以来应聘，也是受老师的鼓励。

A：在你看来，哪些品质是赢得客户最重要的因素？

苏克文：诚信和负责任。诚招天下客。说到负责任，我的意思是，如果需要承担损失和风险的话，我宁可自己承担而决不推给客户。我坚信，只有这样才能赢得客户的信任，也才能取得成功。

A：你经历过的最大挑战是什么？你是如何跨越它的？

苏克文：我经历的最大挑战是父亲得癌症。当时我还在上大学，家里经济陷入困境。我还有个同父异母的小弟弟，正在上中学。我一方面要照顾父亲，一方面还要照顾家庭。因为我母亲早已去世。送走了父亲，我一边完成学业，一边打工供养弟弟读完高中又上大学，现在又自费来中国留学。

A：在过去的日子里，你觉得自己最大的成就是什么？

苏克文：我还没有什么最大的成就。但是我经历过艰难困苦，而且没有倒下。大学一毕业就参加了工作，工作三年后就担任了一家大公司的部门经理，也使我有了一点点的成就感。

A：你通常是否能达到自己的目标？

苏克文：只要是我给自己提出的目标，一般都能达到。

A：如果你完全不同意你上司的某个要求，你怎么处理？

苏克文：我还没有遇到过这种情况。不过我有个原则，就是要看他的要求是不是合理，是不是从大局出发的，是不是对公司发展和对客户、对社会有利。如果是，他提的任何要求我都会同意。如果不是，我会劝告。如果劝告不行，也只好执行，毕竟他是上司，我得服从。然后让事实说话。

A：你能给我举一个团队活动和领导力的例子吗？

苏克文：我说了，我曾经当过NDC公司的部门经理。因为公司领导认为，我是个能够担负这一重任的人。我把几十个员工团结在自己周围，为公司创造了不俗的业绩，与此同时，也为员工带来了实实在在的好处，三年间他们的工资差不多翻了一番。至今我仍以此为荣。

A：你在团队中通常的作用是什么？

苏克文：我是主心骨。

A：你如何激励团队达到成功？

苏克文：靠个人的工作和人格的魅力。遇到利益冲突时，我宁可牺牲自己的利益，也不能让公司受损，更不能让员工吃亏。关心每一个员工，把他们当作亲人。所以，只要是我要求他们干的事情，大家会同舟共济，齐心协力地做好。

A：好，苏小姐，面试到此结束。录用与否，请你等候我们的通知。

苏克文：需要等多长时间？

A：一个星期。

一 生词 Shēngcí New words

1. 应聘	（动）	yìngpìn	accept an offer of employment
2. 简要	（形）	jiǎnyào	concise and to the point; brief
3. 克服	（动）	kèfú	overcome (difficulties; shortcomings, etc.)
4. 进修	（动）	jìnxiū	engage in advanced studies
5. 开拓	（动）	kāituò	open up
6. 优势	（名）	yōushì	superiority
7. 跨国公司		kuà guó gōngsī	transnational corporation
8. 弱点	（名）	ruòdiǎn	weak point; shortcoming
9. 偷懒		tōu lǎn	loaf on the job; be lazy
10. 销售	（动）	xiāoshòu	sell (commodities)
11. 乃至	（连）	nǎizhì	go so far as to; even to the extent that
12. 简历	（名）	jiǎnlì	biographical notes; curriculum

			vitae
13. 关注	（动）	guānzhù	follow with interest; pay close attention to
14. 拼命		pīn mìng	exert one's strength to the utmost; with all one's might
15. 数得着		shǔ de zháo	be reckoned as outstanding or be able to meet the standard
16. 至于	（介）	zhìyú	as for; as to
17. 庸庸碌碌		yōngyōng lùlù	(of a person) mediocre and unambitious
18. 无所作为		wú suǒ zuòwéi	attempt nothing or accomplish nothing
19. 宁可	（副）	nìngkě	would rather
20. 承担	（动）	chéngdān	bear; undertake
21. 风险	（名）	fēngxiǎn	risk; danger
22. 坚信	（动）	jiānxìn	firmly believe
23. 挑战	（动）	tiǎozhàn	challenge
24. 跨越	（动）	kuàyuè	stride across; leap over
25. 癌症	（名）	áizhèng	cancer
26. 困境	（名）	kùnjìng	difficult position
27. 供养	（动）	gōngyǎng	provide for (one's parents or

elders); support

28.	自费	（动）	zìfèi	at one's own expense
29.	劝告	（动）	quàngào	advise; urge; exhort; admonish
30.	执行	（动）	zhíxíng	carry out; execute; implement
31.	上司	（名）	shàngsi	superior; boss
32.	服从	（动）	fúcóng	follow; obey
33.	担负	（动）	dānfù	sustain; bear; 担负重任: shoulder an important task
34.	创造	（动）	chuàngzào	create (a new method, theory, achievement, or thing)
35.	业绩	（名）	yèjì	accomplishment; outstanding achievement
36.	翻番		fān fān	double; be twice as much (or many) as
37.	团队	（名）	tuánduì	group; team
38.	主心骨	（名）	zhǔxīngǔ	backbone; mainstay; pillar
39.	魅力	（名）	mèilì	charm; enchantment
40.	吃亏		chī kuī	suffer losses; get the worst of it
42.	同舟共济		tóng zhōu gòng jì	pull together in times of trouble
43.	齐心协力		qí xīn xié lì	act in an concerted effort

专名 Zhuānmíng Proper nouns

1. 新西兰   Xīnxīlán   New Zealand
2. 大洋洲   Dàyángzhōu Oceania
3. 甘肃   Gānsù   Gansu province
4. 内蒙古   Nèiměnggǔ   the Inner Mongolia Autonomous Region

二 注释 Zhùshì Notes

（一）跨国公司

　　通过直接投资、转让技术等活动，在国外设立分支机构或与当地资本合股拥有企业的国际性公司。

（二）乃至

　　连词"乃至"用于强调。一般用在并列的词语、短语或小句的最后一项之前，表示突出最后一项所指的内容。是现代汉语经常使用的文言虚词。例如：

（1）我想如果让我来担任销售经理的话，我会把贵公司的产品推到整个大洋洲乃至欧美各国去。

(2) 中国是个大国，也是个比较贫穷落后的国家，要实现全民达到小康的生活水平起码需要几十年乃至更长的时间。

(3) 信息时代，一个国家发生的大事，一小时之内乃至几分钟之内就能传遍全世界。

(三) 放不下

"放不下"是动结式"放下"的可能形式。"放下"的意思是"离开、搁置、放弃"，"放不下"在本文中的意思是：不能离开，不能搁置、不能放弃。例如：

(1) 我二十六岁才开始学习汉语，一学就放不下，非学好不可。

(2) 学了外语要经常用才行，一放下，时间长了，非忘不可。

(3) 单位要派她出国进修，可是她放不下只有两岁的孩子，只好放弃这次机会。

(四) 数得着

"数得着"表示比较突出或够得上标准。反义词是"数不着"。例如：

(1) 老师说，我的汉语口语在班上是数得着的。

(2) 她是国家跳水队数得着的优秀队员。

(3) 在我们班，要论说得流利，怎么也数不着她。

(五) 至于

介词"至于"表示另提一事。例如：

(1) 我的口语在班上是数得着的。至于朋友的评价嘛，同学们都叫我大姐。

(2) 中级阶段要重视成段表达的训练。至于词语方面，主要解决用法问题。

(3) 我知道她要出国，至于什么时候出发我就不清楚了。

(六) 宁可

　　副词"宁可"表示在比较两方面的利害得失之后，选取一种做法。一般用在动词前，也可以用在主语前。后面常常与"也要、也不"搭配使用。例如：

(1) 如果需要承担损失和风险的话，我宁可自己承担而决不推给客户。

(2) 遇到利益冲突时，我宁可牺牲自己的利益也不能让公司受损，更不能让员工吃亏。

(3) 我宁可坐火车去，也不坐飞机去。坐火车还可以看看铁路两边的风景，坐飞机除了蓝天白云，什么也看不到。

(七) 诚招天下客

honesty attracts customers' attention in the world

　　靠诚实守信用可以吸引全国各地和世界各国的客人来跟自己做生意。

(八) 以此为荣

　　把这看作是光荣的事。

(九) 录用与否

　　录用还是不录用。"与否"前面多为双音节动词。"参加与否"：参加不参加；"同意与否"：同意不同意。

三 练习 Liànxí Exercises

（一）语音 Speech sound

1. 听一听，说一说，体会每组发音的不同
   Listen and practice, and distinguish the differences

   | 应聘 yìngpìn | 开拓 kāituò |
   | 硬拼 yìngpīn | 开脱 kāituō |

   | 优势 yōushì | 偷懒 tōu lǎn |
   | 有时 yǒushí | 投篮 tóu lán |

   | 简历 jiǎnlì | 魅力 mèilì |
   | 建立 jiànlì | 美丽 měilì |

2. 诗词朗读 Read aloud the following poem

   春宵
   Chūnxiāo

   （宋）苏 轼
   (Sòng) Sū Shì

   春宵　一刻　值　千　金，花　有　清香　月　有　阴。
   Chūnxiāo yí kè zhí qiān jīn, huā yǒu qīngxiāng yuè yǒu yīn.

   歌　管　楼台　声　细细，秋千　院落　夜　沉沉。
   Gē guǎn lóutái shēng xìxì, qiūqiān yuànluò yè chénchén.

（二）朗读下列词语 Read aloud the following words and phrases

简要介绍　简要说明　简要回答

克服困难　克服心理障碍　克服不良习惯

进修汉语　　进修英语　　进修班

拼命学习　　拼命工作　　承担风险　　接受挑战　　跨越困境

供养弟弟上大学　　供养子女　　供养两个孤儿

服从领导　　服从工作需要　　服从命令　　服从分配

创造业绩　　创造奇迹　　创造财富　　创造性

人格魅力　　富有魅力　　很有魅力　　没有魅力

利益冲突　　时间冲突　　发生冲突　　武装冲突

庸庸碌碌　　无所作为　　同舟共济　　齐心协力

（三）选词填空并熟读下列句子

Choose the right words to fill in the blanks then read aloud the following sentences

| 简要　魅力　宁可　进修　数得着 |
| 优势　同舟共济　关注　应聘　偷懒 |

1. 这个公司招聘外籍职员，你想不想去_____。

2. 请你_____介绍一下自己的经历。

3. 你竞争这个职位的_____是什么？

4. 这件事引起了国际社会的广泛_____。

5. 他的学习在我班是_____的。

6. 作为一个单位的经理，他_____自己承担风险，也不愿意让员工吃亏。

7. 任何成绩都是靠勤奋取得的，所以无论干什么都不能_____。

8. 靠人格的_____，他把几十个员工团结在自己周围，创造了一个又一个新的业绩。

9. 我大学中文系毕业后去中国_____了一年。

10. 只要一个团队从上到下是团结的，能齐心协力，_____，那就没有克服不了的困难，没有跨越不了的障碍。

（四）完成句子 Complete the following sentences

1. 作为一个公司经理，在与员工的利益发生冲突时，他_____。（宁可）
2. 他宁可自己吃苦受累，_____。（也）
3. 他靠打工读到大学毕业，_____。（与此同时）
4. 她有一股拼命精神，无论干什么，_____。（非……不可）
5. 公司打算一个月给他一万元，他还_____。（偏低/少）
6. 他是来中国以后才学的琵琶，一学_____。（放不下）
7. 要论口语好，他在我们班_____。（数得着）
8. 我知道他是作家，_____。（至于）

（五）回答问题 Answer the following questions

1. A：你参加过这样的应聘面试吗？考官一般会问什么问题？
   B：_____。

2. A：根据课文，请你简单介绍一下苏克文的情况？
   B：_____。

3. A：苏克文觉得她自己的优势是什么？你呢？
   B：_____。

4. A：你觉得对你影响最大的人是谁？
   B：_____。

5. A：至今，你经历过什么人生的挑战吗？如果有，是什么？
   B：_____。

6. A：如果你去面试，请你简单介绍一下你的情况？（最少要连续说3分钟以上）

   B：＿＿＿＿＿＿＿＿＿＿＿＿＿＿＿＿＿＿＿＿＿＿＿＿＿＿＿＿＿＿。

（六）说出下列句子的使用语境（要求脱离课文，自己设置）
Describe the situations of the following sentences

1. 让事实说话吧！

2. 她在我们班是数得着的。

3. 至今我仍以此为荣。

课文二：短文 Duǎnwén Text

一、朗读 Read aloud

蘑菇是怎么长成的

寒诗是一家高科技公司的新人，试用期三个月，正式录用后薪水翻番。

从收到录用通知的那天起，她就为自己制定了一个宏伟的"五年计划"：一年加薪，三年成为业务骨干，五年内做到部门经理。

上班的第一天，她去人事部报到之后，被安排在行政部。同事们见了她只是淡淡地打个招呼，就各忙各的去了。寒诗无所事事，心里感到有点失落。第二天，她就主动跑去向经理要求分派工作，得到的答复是："你才来上班，主要是多看多学，现在也没什么特别适合你的事，你就见机行事吧。"过了些日子，寒诗渐渐忙碌起来，终于明白，所谓的"见机行事"原来就是打杂跑腿。一会儿张三说："寒诗，帮我打份材料。"一会儿电话铃响了，李四说："寒诗，快去接电话。"再过一会儿，办公室的纯净水喝光了，她又得联系送水公司。接线员、打字员、收发员……寒诗样样都干，说得漂亮点是身兼数职，说得难听点就是勤杂工。时间不长，寒诗心里凉了大半截，好歹自己也是大学毕业生，竟然被他们当成"丫鬟"使唤，简直暗无天日！

　　寒诗万万没想到，更"黑暗"的日子还在后头。那天，经理交给她一份打印好的会议通知，让她马上传达下去，寒诗一一打电话通知各部门经理，明天上午9点开会。次日上午8点，寒诗被叫到了会议室，很大的会议室只坐着几个人，老总也在场。当着众人的面，经理大发脾气："8点的会议，你怎么通知人家9点开，连一句话都说不清楚，你还能做什么？"那种盛气凌人的架势，根本不容分辨，寒诗哭着离开了办公室。其实，昨天通知上写的确实是9点。很明显，那是打字员的失误，寒诗是在代人受过，只好在心里喊冤。

　　公司捐款建的一所希望小学即将竣工。竣工典礼上，老总要做10分钟的发言。前几天，寒诗在晚报上发表过一篇文章，凑巧被老总看见了，老总把撰写发言稿的任务交给了寒诗，并且特批她三天内不必来公司上班，只需集中精力写好稿子。看得出来，老总把这件事看得很重。寒诗知道，这是改变现状的绝好机会，于是她竭尽所能，数易其稿，一份声情并茂的发言稿终于完成。老总看了挺满意，一字未改。那天晚上，寒诗特意守在电视机前收看了竣工典礼，老总的发言非常成功，好几次都被热烈的掌声打断。从老总喜气洋洋的脸上，寒诗也看到了自己的希望。可是她太乐观了，从那以后，老总看见她仍像往常一样，只是礼节性地点点头，再没提起过发言稿的事。

转眼三个月的试用期即将结束。寒诗依然是个"勤杂工"，前景一片暗淡，先前的雄心壮志早抛到九霄云外去了。有哪家公司愿意花钱请一个可有可无的人呢？很明显，自己在公司的生命只有90天。

最后一天，寒诗心情郁闷。正在整理私人物品，准备离开，老总把她叫到了办公室。"我观察你很久了，我正缺个助手，你是最合适的人选。小姑娘，有没有信心？"老总的话言简意赅，说完热情地向她伸出了手。寒诗毫无思想准备，这突如其来的消息使她激动得手足无措，慌乱中竟然把左手伸了出去。

寒诗刚走出办公室门口，老总忽然又把她叫住，"知道蘑菇是怎么成长的吗？"此话似乎不着边际，寒诗疑惑地摇摇头。老总接着说："首先要把它放在阴暗的角落，紧接着浇上一勺肥料，然后置之不理，任其自生自灭。只有在这种环境长出来的才是最好的蘑菇。"寒诗豁然开朗，心里淤积了许久的郁闷一扫而空，步履轻松地走出了老总办公室。

(作者：姜钦峰，选自《思维与智慧》，有改动)

二、生词 New words

1.	宏伟	(形)	hóngwěi	(of scale, plan, etc.) grand
2.	骨干	(名)	gǔgàn	backbone
3.	无所事事		wú suǒ shì shì	be occupied with nothing; have nothing to do
4.	失落	(形)	shīluò	lose
5.	打杂(儿)		dǎ zá(r)	do odds and ends
6.	跑腿儿		pǎo tuǐr	run errands; do legwork
7.	接线员	(名)	jiēxiànyuán	switchboard operator
8.	收发员	(名)	shōufāyuán	dispatcher
9.	勤杂工	(名)	qínzágōng	handyman
10.	好歹	(副)	hǎodǎi	anyhow; in any case

11. 暗无天日		àn wú tiān rì	complete darkness
12. 发脾气		fā píqi	flare up; lose one's temper
13. 盛气凌人		shèng qì líng rén	domineering
14. 架势	(名)	jiàshì	posture; manner
15. 不容	(动)	bùróng	not tolerate; not allow
16. 分辩	(动)	fēnbiàn	defend oneself (against a charge)
17. 喊冤		hǎn yuān	cry out grievance
18. 竣工	(动)	jùngōng	(of a project) be completed
19. 撰写	(动)	zhuànxiě	write; compose
20. 礼节	(名)	lǐjié	courtesy
21. 暗淡	(形)	àndàn	dim
22. 雄心壮志		xióng xīn zhuàng zhì	lofty aspirations and high ideals
23. 郁闷	(形)	yùmèn	gloomy; depressed
24. 言简意赅		yán jiǎn yì gāi	concise and comprehensive
25. 手足无措		shǒu zú wú cuò	at a loss as to what to do
26. 疑惑	(动)	yíhuò	feel uncertain; not be convinced
27. 阴暗	(形)	yīn'àn	dark; gloomy
28. 角落	(名)	jiǎoluò	corner

29. 置之不理	zhì zhī bù lǐ	brush aside
30. 自生自灭	zì shēng zì miè	run its course

三、回答问题　Answer the following questions

1. 寒诗的"五年计划"是什么？

2. 寒诗为什么感到"失落"？你有没有过这种感觉？什么时候？

3. 寒诗为什么觉得暗无天日？你有没有这种时候？

4. 寒诗为什么喊冤？你有没有被人冤枉的时候？

5. 寒诗为什么感到郁闷？你有没有感到郁闷的情况？

6. 老总关于蘑菇的说法你同意不同意？为什么？

四、复述　Repeat this text

你先开玩笑的

有一天,某公司要招聘员工,一位高才生跑去应征,老板问他说:"你想要什么样的工作环境?"那人说:"我想月薪10万,一年有一个月公司用公费让我出国考察,公司还要用公费给我租房。"老板说:"我一个月给你20万,一年两个月公费出国考察,公司还送你一栋别墅①。"那个人惊讶地说:"这么好,该不会是跟我开玩笑吧?"老板说:"是你先跟我开玩笑的。"

注释:

① 别墅 biéshù:villa

第十六课　春节是中国最大的传统节日

课文一：会话　Huìhuà　*Dialogue*

春节是中国最大的传统节日

（留学生A跟中国同学谈起春节的话题）

A：听说春节是中国最大的传统节日。

B：是啊。

A：中国人怎么过春节啊？

B：春节是全家团圆的节日，就像你们西方的圣诞节一样，除了学校放寒假以外，一般单位也都要放一个星期的长假。在外地工作的，都要在春节前赶回家，跟家人团聚。春节到来之前，家家都要买年货，搞卫生，把里里外外都打扫得干干净净的，还要贴春联，挂红灯，迎接春节的到来。到了除夕，一家人围在一起包饺子，吃年夜饭，然后看中央电视台的春节联欢晚会。当新年钟声响起的时候，无论是城市还是乡村，也无论是大人还是小孩儿，都一起放烟火、放鞭炮。五颜六色的烟火照亮夜空，噼里啪啦的鞭炮声震耳欲聋，可热闹了。

A：春节当天干什么呢？

B：春节那天最高兴的要数孩子了，他们可以从爸爸、妈妈、爷爷、奶奶和其他长辈那里得到压岁钱，而且可以尽情地和小朋友们一起欢乐玩耍。至于大人，一般会互相拜拜年，或者在一起看看电视，聊聊天，玩玩牌，打打麻将什么的。不过，也有不少人利用春节假期到外地或外国去旅行。

A：听一个中国朋友说，过年越来越没意思，所以他说不愿意过年了。

B：有人可能觉得过年需要应酬，接待亲戚朋友，参加各种活动，比平时上班还累，所以不愿意过年。有的人家春节期间会在饭店包一个房间，在外边过年。当然，也有干脆待在家里休息、睡大觉的。

A：春节期间有没有其他娱乐活动呢？

B：有啊，当然有。除了丰富多彩的电视节目以外，按照中国的传统，为了使大家过上个祥和愉快的春节，春节期间影剧院、天文馆、音乐厅、体育馆、博物馆、图书馆等公共场所都不休息，都对外开放，还举办各种各样的文化娱乐活动。特别是各大公园里的庙会，更是人山人海。有各种各样的小吃，有丰富多采的民间表演，那才叫热闹呢。不信到时候你去看看，体会体会就知道了。

A：这一点跟我们的圣诞节很不一样。圣诞节期间，我们国家这些场所一般都休息，所以街道上冷冷清清的。

生词 Shēngcí **New words**

1.	团圆	(动)	tuányuán	reunion
2.	单位	(名)	dānwèi	unit
3.	团聚	(动)	tuánjù	(of family members after a separation) reunite; come or join together
4.	年货	(名)	niánhuò	commodities prepared for Spring Festival celebration, including pastries, New Year's paintings, firecrackers, etc.
5.	卫生	(名)	wèishēng	hygienic; hygiene
6.	红灯	(名)	hóngdēng	red-light
7.	除夕	(名)	chúxī	New Year's Eve
8.	钟声	(名)	zhōngshēng	sound of bell
9.	乡村	(名)	xiāngcūn	village; countryside
10.	放	(动)	fàng	fire
11.	烟火	(名)	yānhuo	fireworks
12.	鞭炮	(名)	biānpào	general term for firecrackers
13.	五颜六色		wǔ yán liù sè	of various colours

14. 照亮		zhàoliàng	shine
15. 夜空	(名)	yèkōng	the night sky
16. 噼里啪啦	(象声)	pīlipālā	(onom.) continuous sounds of cracking, slapping, etc.
17. 震耳欲聋		zhèn ěr yù lóng	deafening
18. 数	(动)	shǔ	be reckoned as
19. 压岁钱	(名)	yāsuìqián	money given to children as a lunar New Year gift
20. 尽情	(副)	jìnqíng	as much as one likes
21. 玩耍	(动)	wánshuǎ	have fun; enjoy oneself
22. 拜年		bài nián	pay a New Year's call; wish somebody a happy New Year
23. 牌	(名)	pái	(playing) cards
24. 麻将	(名)	májiàng	mah-jong
25. 应酬	(动)	yìngchou	have social intercourse with; treat with courtesy
26. 接待	(动)	jiēdài	receive; entertain
27. 亲戚	(名)	qīnqi	relative
28. 平时	(名)	píngshí	ordinarily; in ordinary/normal times

29. 其他	（代）	qítā	other
30. 娱乐	（名）	yúlè	amusement; recreational activities
31. 祥和	（形）	xiánghé	auspicious and peaceful
32. 影剧院	（名）	yǐngjùyuàn	cinema and theatre
33. 天文馆	（名）	tiānwénguǎn	planetarium
34. 音乐厅	（名）	yīnyuètīng	concert hall
35. 场所	（名）	chǎngsuǒ	place (of entertainment or recreation)
36. 庙会	（名）	miàohuì	fair; temple fair; 赶庙会: attend a temple fair
37. 人山人海		rén shān rén hǎi	oceans of people; huge crowds of people
38. 冷冷清清	（形）	lěnglěng-qīngqīng	cold and cheerless

专名　Zhuānmíng　Proper nouns

| 1. 春节 | Chūn Jié | Spring Festival |
| 2. 中央电视台 | Zhōngyāng Diànshìtái | CCTV |

注释　Zhùshì　Notes

(一) 春节

中国农历正月初一。是中国传统节日，也指正月初一以后的几天。

(二) 春节联欢晚会

get-together of Spring Festival

这是中国中央电视台（CCTV）在春节前一天晚上（除夕）播放的一个大型综艺节目，有歌舞、相声、小品、杂技等。

(三) 数

动词"数"表示指出名次最前的或程度最突出的。例如：

(1) 春节那天最高兴的要数孩子了。

(2) 他在我们班的学习是数一数二的。

(3) 动物园里的这些动物，要数大熊猫最可爱，也最受孩子们欢迎。

(四) 尽情

副词"尽情"表示尽量由着自己的情感，不加拘束地。例如：

(1) 春节那天最高兴的要数孩子了，他们会从爸爸、妈妈、爷爷、奶奶和其他长辈那里得到压岁钱。而且可以尽情地和小朋友们一起欢乐玩耍。

（2）联欢晚会上，同学们尽情地唱啊，跳啊，玩得可高兴啦。

（3）这里处处是美景，你就尽情地照吧。

三 练习 Liànxí Exercises

（一）语音 Speech sound

1. 听一听，说一说，体会每组发音的不同

   Listen and practice, and distinguish the differences

   | 卫生 wèishēng | 除夕 chúxī |
   | 尾声 wěishēng | 出席 chūxí |

   | 钟声 zhōngshēng | 至于 zhìyú |
   | 准绳 zhǔnshéng | 智育 zhìyù |

   | 拜年 bài nián | 接待 jiēdài |
   | 百年 bǎinián | 借贷 jièdài |

2. 诗词朗读　Read aloud the following poem

   元日
   Yuánrì

   （宋）王安石
   (Sòng) Wáng Ānshí

   爆竹　声　中　一　岁　除，春风　送　暖　入　屠苏。
   Bàozhú shēng zhōng yí suì chú, chūnfēng sòng nuǎn rù túsū.

   千　家　万　户　曈曈　日，总　把　新　桃　换　旧　符。
   Qiān jiā wàn hù tóngtóng rì, zǒng bǎ xīn táo huàn jiù fú.

（二）朗读下列词语　Read aloud the following words and phrases

一般单位　　很多单位　　我们单位　　他的单位

讲卫生　　搞卫生　　不卫生　　打扫卫生

放烟火　　放鞭炮　　放花　　放炮　　放风筝

五颜六色　　噼里啪啦　　震耳欲聋　　冷冷清清

尽情玩耍　　尽情歌唱　　尽情享乐

接待亲戚　　接待朋友　　接待客人

公共场所　　娱乐场所　　游戏场所

（三）选词填空并熟读下列句子

Choose the right words to fill in the blanks then read aloud the following sentences

| 尽情 | 人山人海 | 放 | 单位 | 除夕 |
| 拜年 | 团圆 | 围 | 五颜六色 | 震耳欲聋 |

1. 春节期间一般_____都放长假。

2. 春节、中秋节都是中国人家庭_____的节日。

3. _____夜，中央电视台的春节联欢晚会可以说是全球华人的一顿精神宴会。

4. 除夕晚上，中国人都会_____在一起，观看春节联欢晚会。

5. 新年钟声一响，无论是城市还是乡村，无论是大人还是孩子，大家都高高兴兴地_____烟火，_____鞭炮，来庆祝新年的到来。

6. _____的烟火照亮了夜空，劈劈啪啪的鞭炮声_____，可热闹了。

7. 春节那天要数孩子们最高兴，他们穿新衣，戴新帽，可以跟小朋友们_____地玩耍。

8. 给人_____的时候要说，春节好、新春快乐、万事如意、恭喜发财等。

9. 我赶过一次春节庙会，到处是_____，我从来没有见过那么热闹的场面。

（四）完成句子 Complete the following sentences

1. 当新年钟声响起的时候，_____，都一起放烟火、放鞭炮。五颜六色的烟火照亮夜空，噼里啪啦的鞭炮声震耳欲聋，可热闹了。（无论）
2. _____，他从来没有缺过课。（无论）
3. _____，她总是面带微笑。（无论）
4. 今天是周末，明天不上课，咱们_____。（尽情）
5. 我只知道他回国了，_____。（至于）
6. 在我们班_____。（数）

（五）回答问题 Answer the following questions

1. A：中国人怎么迎接春节的到来？
   B：_____。（家家 对联，红灯，年货，卫生）
2. A：除夕夜中国人都做什么？
   B：_____。（包 饺子 看 联欢会）
3. A：孩子们是怎么过春节的？
   B：_____。（尽情）
4. A：为什么有的人不愿意过春节？
   B：_____。（应酬 接待 参加 累）
5. A：你在中国过过春节吗？如果过过，请介绍一下你过春节的情况。
   B：_____。
6. A：如果没有过过中国的春节，请介绍一下你们国家最大的节日。
   B：_____。

课文二：短文 Duǎnwén Text

一、朗读 Read aloud

事事与我总相关

日常生活中，当我们善意地提醒别人时，常常招致对方的不满。假如，我们对一个陌生人说，"请不要随地吐痰，好不好？""把果皮扔进果皮箱里去，好吗？""你怎么能不排队加塞儿呢？"对方可能会白眼一翻，不高兴地说："与你无关，少管！"甚至会说你"狗咬耗子——多管闲事。"

"与你无关。""狗咬耗子——多管闲事。"这是很粗鲁、很冷漠的话。说明这人没有教养。因此，我不喜欢这些毫无教养的人，他们自己也把自己的形象糟蹋了。

也许有些夸大，但我还是要说，世上所有的人与事可能都与你有关。

我们生活的环境变脏了，你难道就不在这里生活了吗？交通秩序搞乱了，道路拥挤不堪，你难道就不坐车，不开车，不上街了吗？空气污染了，难道你能不呼吸吗？河水污染了，难道你能宣布从此不喝水吗？地球变暖，冰川融化，洪水泛滥，与你无关吗？恐怖主义者到处制造恐怖事件，也与你无关吗？

听我讲一个故事吧。

一位富家小姐在车里吃香蕉，发现香蕉不好了，便随手扔到车窗外面。一个穷人家的孩子经过那里，拾起那香蕉来吃，结果吃坏了肚子，发烧了。当天晚上，富家小姐父亲的工厂发生火灾，物品全部被烧毁。因为当夜值班员临时离开，他离开是因为他的孩子吃了富家小姐扔的香蕉，发烧了。

这个故事使我深深感到，人与人之间的关系比我们想象的密切。

事实上，我们在日常生活中与别人的关系不都是如此密切吗？报上经常报道车祸的消息。发生车祸的原因很多。与妻子吵架，在气头上开快车，待紧急刹车时，小孩子已成了轮下的牺牲者……孩子与生身父母关系密切，但与夺走他们生命的陌生人又何尝不是密切到可怕的程度？想到这些，我们就不能认为自己与这人不相干，与那人没有关系了吧？

那年应邀到台湾演讲，旅行三周。但是，我的父亲突然发病。我不得不中断台湾之行。

过后没几天。有人来找我倾吐心事。我极为同情地倾听对方的叙述，尽我所能地开导他、规劝他、安慰他。对方情绪终于渐渐稳定了下来，最后他说："假如今天没有和你交谈，我本来已经打算带着孩子，开车从悬崖上冲向山谷。"

我听了不寒而栗。假如我的父亲身体健康，这时候我正在台湾，这人或许已带着两个孩子开车冲向山谷了。此人和我的父亲没有什么关系。但从另一个角度说，是我父亲发病救了他一家三口的命。

这事再次使我感到人与人的关系是何等密切。

我们绝不能轻易断言："这事跟我一点儿关系都没有。""我绝不会麻烦别人。""我不需要别人帮忙。""还是少管闲事为好。"……不论对任何事，我们起码要有一颗关爱之心，对任何人，我们都该保持谦和诚恳的态度。因为这个世界越来越紧密地把我们大家连在一起，也许在巴黎机场突然遇难的人，就是你的某位朋友或同事。在南亚海滩，遇到海啸的人中可能就有你的某个亲人、同学。也许帮你逃出火海的人与你素不相识，但是他的确是你的救命恩人。也许你善意地捐出的一些钱，正好改变了一个失学孩子的命运……

完全陌生的人可能突然变成了关系密切的人，更不要说我们跟亲人、同事、朋友、同学等的关系了。

世事与我总相关。个人的力量虽然微小，但是，要知道，有时候一个人的生活态度会影响许多人的命运。

(根据有关文章编写)

二、生词　New words

1.	随地	(副)	suídì	anywhere; everywhere
2.	吐痰		tǔ tán	spit; expectorate
3.	加塞儿		jiā sānr	jump in; jump a queue
4.	耗子	(名)	hàozi	mouse
5.	闲事	(名)	xiánshì	matter that does not concern one; 管闲事: poke one's nose into another's business
6.	粗鲁	(形)	cūlǔ	rough; rude; impolite
7.	教养	(名、动)	jiàoyǎng	breeding; upbringing; education

8. 恐怖	(形)	kǒngbù	terror; horror
9. 悬崖	(名)	xuányá	overhanging or steep cliff; precipice
10. 不寒而栗		bù hán ér lì	shudder; tremble with fear
11. 海滩	(名)	hǎitān	beach

三、回答问题　Answer the following questions

1. 日常生活中，当我们善意地批评别人时常常会遇到什么情况？

2. 世界上的事到底跟我们每个人有没有关系？

3. 那个富家小姐扔的香蕉与她父亲工厂的火灾是怎么发生关系的？

4. 为什么作者说是她父亲的病救了一家三口人的命？

5. 对世界上发生的事，我们应该不应该关心？

6. 作者这篇文章的观点你同意吗？为什么？

四、复述　Repeat this text

都怪语言不通

有一家华人在外国开了一家中国餐厅，妈妈做菜，爸爸管账，儿子当服务员。

一天，餐厅里来了一位客人。儿子见他一个人用餐，就向他推荐了一碗牛肉面。没想到热腾腾的面烫了客人的嘴，碗也被打碎了。

妈妈在厨房听到动静，高声问道："怎么了？"

儿子答道："碗打了。"

客人一听"one dollar"，以为让他赔钱，于是连忙拿出了1美元。

妈妈又跑出来问："谁打的？"

客人一听"three dollar"，又掏出了2美元添上。

儿子指着客人答道："他打的。"

客人又听成了"ten dollar"，吓得不敢再久留，扔下补上的7美元，冲出了餐厅……

Z 生词总表

A

癌症	15
爱	2
爱信不信	9
安慰	9

B

百里挑一	14
拜年	16
半天	4
棒	9
包	16
保险箱	9
报	1
报答	1
报警	6
悲欢离合	2
臂	2
鞭炮	16
表白	5
别	12
别提……了	4
冰川	11

冰清玉洁	14
拨打	6
不必	2
不断	8
不过	11
不快	4
部分	2
部门	10
捕杀	11

C

采取	5
策略	10
差点儿	7
拆开	8
常用	7
常态	2
场所	16
车祸	9
陈旧	14
诚实	3
承担	15
吃亏	15

冲突	12
愁	5
愁眉苦脸	14
出	9
出于	3
除夕	16
创造	15
吹	3
春晖	1
慈母	1
词语	7
寸草	1
寸草春晖	1

D

大败	7
大方	3
代价	3
待	1
待遇	10
单位	16
担负	15
淡化	11
淡妆	12
当代	13
倒霉	9
到头来	2
得了	11
得罪	10

顶用	11
顶嘴	1
丢三落四	9
断	2
盾	8

E

恶化	11
噩梦	3
而立之年	10
恩情	1

F

发火儿	10
翻番	15
烦恼	14
凡	2
方	12
房东	6
放	16
非……不可	12
奋斗	13
风险	15
丰富	7
缝	1
否	10
否定	7
服从	15

G

| 改动 | 8 |

干涉	14	糊涂	14
干着急	6	化	11
赶	1	化为乌有	8
赶上	12	坏蛋	6
耿直	10	荒漠	11
公安局	4	回答	2
公交车	11	活宝	3
供养	15	回程	4
共同	11	混血儿	5
古典	13	火警	6
固定	8	火灾	6
故居	12		
关注	15	**J**	
光棍儿	2	几乎	3
国际	7	机遇	10
		纪念	12
H		家园	11
含义	8	家长	14
喊叫	6	加强	13
何必	14	坚持不懈	13
好不	7	坚定	14
好容易	7	坚信	15
好受	2	简历	15
好在	6	简要	15
何况	2	鉴赏	13
哼	9	交	2
哄堂大笑	8	接触	12
红灯	16	接待	16
后怕	6	杰出	13

节制	11	可怜	1
结构	8	可亲	1
结论	10	可敬	1
捷足先登	5	可笑	3
解释	9	课间	7
尽快	6	客观	3
尽量	13	克服	15
紧紧	4	肯定	7
仅供参考	13	恐	1
尽情	16	扣儿	4
进修	15	苦	2
经历	4	夸	10
惊动	6	跨国公司	15
竟然	7	跨越	15
径	13	夸张	8
救火	6	亏	14
救命	6	困境	15
救灾	7		
鞠躬	4	**L**	
卷	12	来电	5
		滥竽充数	8
K		朗诵	12
开发	11	老两口儿	6
开拓	15	冷清	16
开心	14	连连	4
砍伐	11	潋滟	12
看不上	2	两相情愿	14
看得上	2	两情相悦	14
科教片儿	11	临别	4

流淌	11
楼道	6
绿化	11

M

嘛	10
麻将	16
马马虎虎	9
满足	5
矛	8
矛盾	8
冒烟	6
美籍华人	5
美梦	3
魅力	15
门当户对	14
蒙	4
蒙蒙	12
迷信	9
密	1
秘书长	11
免	9
免除	9
面子	14
庙会	16
灭火	6
灭绝	11
民情	12
名著	13

名义	13
抹	12

N

奶油小生	5
乃至	15
男人	2
难免	7
难忘	4
能源	11
蔫	14
年货	16
捧	1
宁可	15
扭扭捏捏	5
女排	7

P

牌	16
陪伴	4
陪同	12
噼里啪啦	16
脾气	10
偏	1
偏偏	12
偏向	1
偏心	1
拼命	15
平时	16
泼水	6

破财	9
破财免灾	9
扑救	6
扑灭	6
普通	2

Q

欺负	14
其他	16
齐心协力	15
奇妙	7
气馁	13
千万	3
强盗	6
抢	5
敲门	3
亲戚	16
勤	13
勤奋	10
轻读	7
轻易	10
清醒	6
情不自禁	8
情趣	12
求	1
劝告	15
确定	13
确认	4

R

惹	1
人杰地灵	12
人山人海	16
溶化	11
如意	2
弱点	5
塞翁失马	8
散文	13
傻笑	3
上当	3
上司	15
身份	4
身无分文	4
深刻	8
深	4
生存	11
生动	8
生态	11
胜	7
胜地	12
诗词	8
失火	6
时	2
实地	12
实践	12
使用	12
史书	8
收	8

261

手法	8
受伤	9
输	7
淑女	5
书籍	13
书面	8
书目	13
数	16
数得着	15
帅哥	5
霜	14
水平	8
顺其自然	5
说不上	5
说教	3
私家车	11
私利	3
私心	3
思想	8
死	2
肆无忌惮	11
俗话	1
酸	1

T

抬杠	9
太阳能	11
谈吐	8
坦率	10

套	4
特地	12
天分	10
天文馆	16
挑战	15
偷懒	15
透明	10
同班	10
同感	12
同舟共济	15
突发	6
土地	11
团队	15
团聚	16
团圆	16
退休	6
脱落	4

W

外向	10
完整	8
玩耍	16
威胁	11
卫生	16
文雅	8
嗡	4
污水	11
无精打采	9
无所作为	15

无论 …………………… 4	薪水 …………………… 10
无涯 …………………… 13	信 ……………………… 9
五颜六色 ……………… 16	信誓旦旦 ……………… 3
五十步笑百步 ………… 11	性格 …………………… 10

X

西子 …………………… 12	修改 …………………… 4
细 ……………………… 12	修养 …………………… 13
瞎说 …………………… 5	秀外慧中 ……………… 14
先下手为强 …………… 5	选中 …………………… 10
先贤 …………………… 2	学海 …………………… 13
先哲 …………………… 2	学问 …………………… 5

Y

鲜明 …………………… 8	丫头 …………………… 9
线 ……………………… 1	压岁钱 ………………… 16
现象 …………………… 3	烟火 …………………… 16
相反 …………………… 7	淹 ……………………… 2
乡村 …………………… 16	养 ……………………… 1
祥和 …………………… 16	邀请 …………………… 7
想不开 ………………… 2	邀请赛 ………………… 7
想得开 ………………… 2	腰包 …………………… 4
想开点儿 ……………… 4	野生 …………………… 11
想通 …………………… 7	夜空 …………………… 16
相貌 …………………… 10	业绩 …………………… 15
向来 …………………… 9	遗憾 …………………… 2
销售 …………………… 15	宜 ……………………… 12
消防队 ………………… 6	一见钟情 ……………… 8
孝敬 …………………… 1	一时 …………………… 4
孝心 …………………… 1	一事无成 ……………… 10
写作 …………………… 13	一言难尽 ……………… 14

263

以上	5	真诚	4
议论	7	真是	14
音乐厅	16	真心话	14
阴	10	镇静	3
吟	1	震耳欲聋	16
隐私	3	支持	13
赢	7	执行	15
影剧院	16	止	1
应酬	16	至今	2
应聘	15	至于	15
拥抱	4	钟声	16
庸庸碌碌	15	重读	7
用法	7	舟	13
幽默	3	主观	3
优势	15	主心骨	15
游子	1	著作	13
有益	13	状况	13
有意	5	追	5
竿	8	追求	2
娱乐	16	子女	14

Z

		自费	15
灾	9	自身	11
灾难	9	自学成才	13
造句	8	自相矛盾	8
占用	13	自作多情	5
招聘	10	足以	13
着火	6	最好	5
照亮	16		

专 名　zhuānmíng　Proper Nouns

白雪	14	内蒙古	15
《北京晚报》	4	苏东坡	12
春节	16	苏州	12
大洋洲	15	王羲之	12
甘肃	16	维纳斯	2
寒山寺	12	小范	4
杭州	12	小瑶	14
华罗庚	13	新西兰	15
联合国	11	岳飞	12
刘易斯	4	岳王庙	12
南极	11	中央电视台	16